Jürgen Blut, Mirco Blut

Hannover 96: Chronik eines Abstiegs

Wie der 'Unternehmerklub' strategisch scheiterte – und wie der sportliche und wirtschaftliche Aufschwung gelingen könnte

Jürgen Blut, Mirco Blut

HANNOVER 96: CHRONIK EINES ABSTIEGS

Wie der 'Unternehmerklub' strategisch scheiterte – und wie der sportliche und wirtschaftliche Aufschwung gelingen könnte

ibidem-Verlag
Stuttgart

Bibliografische Information der Deutschen Nationalbibliothek
Die Deutsche Nationalbibliothek verzeichnet diese Publikation in der Deutschen Nationalbibliografie; detaillierte bibliografische Daten sind im Internet über http://dnb.d-nb.de abrufbar.

Bibliographic information published by the Deutsche Nationalbibliothek
Die Deutsche Nationalbibliothek lists this publication in the Deutsche Nationalbibliografie; detailed bibliographic data are available in the Internet at http://dnb.d-nb.de.

∞

Gedruckt auf alterungsbeständigem, säurefreien Papier
Printed on acid-free paper

ISBN-13: 978-3-8382-1006-3

Printed in the EU

Inhaltsverzeichnis

Vorwort

Als wir im März 2015 unser Buch *"Quo vadis, Bundesliga? Wie zukunftsfähig ist der Profifußball? Analysen und Visionen am Beispiel Hannover 96"*[1] veröffentlichten, befand sich Hannover 96 wieder einmal in einer prekären Situation: Tabellenplatz zwölf am 25. Spieltag mit 27 Punkten und vier Punkten Abstand zu einem direkten Abstiegsplatz. Es folgte die knappe Rettung am letzten Spieltag durch einen 2:1 Sieg über den SC Freiburg, der stattdessen den Weg in die 2. Liga antreten musste.

Es war aber nicht die erste Saison, in der 96 gegen den Abstieg kämpfte. Seit dem Aufstieg in die 1. Bundesliga drohte der Abstieg mit schöner Regelmäßigkeit. Deshalb haben wir uns seit Dezember 2012 mit der Fragestellung beschäftigt, warum Hannover 96 nicht aus diesem Jammertal der Elite-Liga herauskommt.

Wir haben deshalb analysiert, was ein Profifußballunternehmen, um erfolgreich am Markt bestehen zu können, benötigt. Aus dieser Analyse haben wir Handlungsempfehlungen und ökonomische und strategische Hinweise entwickelt, anhand derer sich ein Profifußballunternehmen zukunftsfähig aufstellen kann - auch entgegen der in der Bundesliga und im Profifußball geltenden Normen, Regularien und Dogmen.

Mit diesen visionären Hinweisen, Empfehlungen und Vorstellungen haben wir die Hoffnung verbunden, dass Hannover 96 sich tatsächlich strukturell und sportlich weiterentwickeln kann, dass eingefahrene Gleise, die ja nur in eine Richtung führen, verlassen werden, um so den Quantensprung zu schaffen in den gehobenen Mittelstand der Liga.

Aber wie das so ist mit der Hoffnung und vor allem mit Visionen, sie zerplatzen meist wie Seifenblasen, bevor überhaupt Potenzial und Substanz auf den Prüfstand gestellt werden können. Visionen will schon gar niemand im Fußballbusiness wahrnehmen, denn im Fußballgeschäft zählt nur das brutale Alltagsgeschäft.

Mit diesem vorliegenden Buch haben wir uns abermals mit dem Zustand von Hannover 96 beschäftigt; allerdings aus einem für die Anhänger der Roten wenig erfreulichen Grund. Dieses Mal geht es nicht um Visionen und Zukunftskonzepte. Hier geht es um eine Chronik des Abstiegs, anhand derer

---

1 Jürgen Blut/Mirko Blut: "Quo vadis, Bundesliga? Wie zukunftsfähig ist der Profifußball? Analysen und Visionen am Beispiel Hannover 96". ibidem-Verlag, Stuttgart: 2015.

aufgezeigt werden soll, welche Faktoren wirklich zum Abstieg geführt haben und wo Zukunftschancen verspielt wurden.
Dabei haben wir zunächst alle Fakten, Gesellschafterstrukturen, Personalien und Organisationformen, wie sie während des Abstiegsprozesses bestanden, analysiert und ausgewertet. Zudem haben wir alle aktuellen Prozesse, wie etwa der Anteilswechsel bei der Hannover 96 Sales und Services GmbH & Co. KG sowie die kurzfristig eingetretenen Veränderungen durch Gesellschafteraustritte und die als reinen Aktionismus wahrgenommenen Personalwechsel im Nachwuchsleistungszentrum (NLZ) bis kurz vor Beginn der Saison 2016/17 mit in unsere Betrachtungen einbezogen.
Wir wollen mit diesem Buch auch einen Weg suchen, der zurück in die Zukunft führt. Es werden Handlungsempfehlungen zur ökonomischem Neuausrichtung des Klubs gegeben. Dabei sollte deutlich werden, dass zukunftsgerichtetes Denken Mut braucht: "*Nicht umsetzbar*" kann nicht die Antwort sein, die das Denken und Handeln eines Profifußballklubs bestimmt. So könnte, das ist das Anliegen dieses Buches, aus der Chronik eines Abstiegs ein Tagebuch des Weges zurück in die Zukunft werden.

Einleitung

... es war dereinst am 12. April 1896, da wurde in Hannover ein Fußball-Verein gegründet, der zunächst aber Rugby spielte. Der Verein nannte sich "*Hannoverscher Fußball-Club von 1896*". Am 3. Dezember 1899 unternahm dieser Klub einen ersten Versuch im Assoziationsfußball[2].

Und damit begann eine sehr wechselvolle Vereinsgeschichte. Es folgten zwei Deutsche Meisterschaften, 1938 und 1954, und ein Sieg im DFB-Pokal, 1992. Der erste Aufstieg in die Bundesliga erfolgte 1964, der erste Abstieg 1974 mit einem direkten Wiederaufstieg 1975 – und dem erneuten Abstieg 1976. Der nächste Aufstieg gelang 1985, 1986 folgte gleich wieder der Abstieg. Nach dem nächsten Aufstieg, 1987, konnten sich die Roten immerhin eine Saison in der 1. Liga halten, bis sie 1989 wieder den Gang in die zweithöchste Spielklasse antreten mussten. Nach glanzlosen Jahren in der 2. Liga wurden die Fußballer aus der niedersächsischen Landeshauptstadt 1996, im Jubiläumsjahr, sogar drittklassig und verbrachten eine Saison in der Regionalliga Nord, bis sie 1998 wieder in die 2. Liga zurückkehrten.

Erst 2002 konnten sich die Roten nach längerer sportlicher Durststrecke wieder im Fußball-Oberhaus etablieren – für 14 Jahre, in denen es oft um den Abstieg ging, aber auch zwei Mal in der UEFA Europa League gespielt werden durfte.

Trotz wirtschaftlicher Sanierung gelang es nie, sich sportlich weiterzuentwickeln. Alle Versuche der sportlichen Konsolidierung scheiterten an personellen Fehleinschätzungen, mangelnden fachlichen Kompetenzen und fehlenden Visionen. Als einzige Konstante lässt sich im Rückblick auf die vergangenen Jahre, insbesondere nach der Europa-League-Zeit, ein schleichender, deterministischer[3] Abstiegsprozess feststellen, der auf den Ebenen hinter der sportlichen Leistungserstellung begann.

Wir werden in diesem Buch darstellen, warum es so kommen musste, wie es kam: Insbesondere ab der Saison 2009/10 lassen sich Bausteine, vor allem in den Weichenstellungen rund um das Unternehmen und die Marke Hanno-

---

[2] Die englische Bezeichnung Association Football (deutsch wörtlich Assoziationsfußball oder Verbandsfußball) steht für das Fußballspiel nach den Regeln der englischen Football Association (FA), dem ersten Fußballverband der Welt.

[3] Determinismus (lat. determinare "abgrenzen", "bestimmen") ist die Auffassung, dass alle – insbesondere auch zukünftige – Ereignisse durch Vorbedingungen eindeutig festgelegt sind.

ver 96 identifizieren, die maßgeblich zum Abstieg in der Saison 2015/2016 beigetragen haben.

KAPITEL 1 - DIE FAKTEN

2002-2009 - Die Lernjahre und Le(e)hrjahre

Den Zeitraum zwischen dem Aufstieg 2002 und etwa der Saison 2008/09 kann man als die Lehrjahre von Hannover 96 bezeichnen. Nach 13 Jahren (4.803 Tage) Abwesenheit, in denen sich die wirtschaftlichen, strukturellen und sportlichen Voraussetzungen enorm verändert hatten, musste sich der Klub erst wieder in der Premiumklasse zurechtfinden.
Es galt, sich zunächst einmal in der Liga zu etablieren - und diese Planerfüllung kann als mehr oder weniger erfolgreich bezeichnet werden. Aber es waren auch "*Leerjahre*", also Jahre, in denen eine gewisse sportliche Leere und Stagnation stattfand, aus der keine Kontinuität und Stabilität entstehen konnte und die letztlich das Image der grauen Maus[4] aus dem Niemandsland der Liga festschrieb.

Die sportliche Ausbeute

In den Lehr- und Lernjahren bewegte sich der Verein nahezu durchgängig zwischen Abstiegskampf und Plätzen im unteren Mittelfeld.

2002/03 *Platz 11 - 43 Punkte*
Erst am vorletzten Spieltag wurde mit einem 2:2 gegen Borussia Mönchengladbach der Klassenerhalt gesichert.

2003/04 *Platz 14 - 37 Punkte*
Am Ende der Saison 5 Punkte Abstand zu einem direkten Nichtabstiegsplatz.

2004/05 *Platz 10 - 45 Punkte*
Erstmals kein Abstiegskampf.

2005/06 *Platz 12 - 38 Punkte*
Auch in dieser Saison konnte 96 den Abstiegskampf vermeiden.

[4] vgl. Abschnitt: "Die Wahrnehmung: Hannover als graue Maus", Seite 46ff

2006/07 Platz 11 – 44 Punkte

Dritte Saison hintereinander ohne Abstiegskampf, die Mannschaft scheiterte am letzten Spieltag gegen Nürnberg an der Qualifikation für den UEFA-Pokal.

2007/08 Platz 8 – 49 Punkte

Erstmals ein einstelliger Tabellenplatz und nur ein knappes Scheitern an der Qualifikation für die europäischen Wettbewerbe.

2008/09 Platz 11 – 40 Punkte

Der Aufwärtstrend war wieder gebrochen, trotz der bis dahin teuersten Spielereinkäufe der Vereinsgeschichte.

Die ökonomische Ausbeute

In den nächsten Tabellen werden relevante Daten vorgestellt, die die wirtschaftliche Entwicklung des Vereins während der Lehrjahre beschreiben.

Tabelle 1: Einnahmen 2003-2009

	2003/04	2004/05	2005/06	2006/07	2007/08	2008/09
	TEuro					
Spieltag	6.199	8.696	9.256	9.141	9.702	10.417
DFB-Pokal	0	1.032	888	731	397	357
TV-Gelder	12.214	14.576	14.536	21.400	20.392	20.306
Werbung	6.516	9.492	10.052	11.230	14.914	18.660
	24.929	**33.796**	**34.732**	**42.502**	**45.405**	**49.740**

eigene Auswertung

Quelle: Jahresabschlüsse H96 GmbH & Co. KGaA, Bundesanzeiger.de

Tabelle 2: Die wirtschaftlichen Ergebnisse 2005-2009

30.06.2005	*Jahresfehlbetrag*	-	**3.286.313,33 €**
30.06.2006	*Jahresfehlbetrag*	-	**896.268,52 €**
30.06.2007	*Jahresüberschuss*		**9.211.057,57 €**
30.06.2008	*Jahresfehlbetrag*	-	**2.812.021,70 €**
30.06.2009	*Jahresfehlbetrag*	-	**827.438,80 €**

eigene Auswertung

Quelle: Jahresabschlüsse H96 GmbH & Co. KGaA, Bundesanzeiger.de

Tabelle 3: Umsatzerlöse 2005 - 2009

	2005 *	2006 **	2006/07	2007/08	2008/09
Umsatzerlöse	36.970.506 €	16.402.400 €	48.649.836 €	48.996.681 €	54.044.481 €
sonstige Erlöse	912.107 €	647.175 €	3.982.156 €	3.080.361 €	2.111.442 €
	37.882.613 €	**17.049.575 €**	**52.631.992 €**	**52.077.042 €**	**56.155.923 €**

Quelle: eigene Auswertung
Jahresabschlüsse H96 GmbH & Co. KG aA
* Bilanzjahr 1. Jan. - 31. Dez. 2005
** Umstellung auf Abschlussstichtag 30. Juni

Wirtschaftlich gesehen war Hannover 96 in den Lehrjahren durchaus auf Konsolidierungskurs. Die Einnahmen entwickelten sich von 2003 bis 2009 auf ein Niveau von ca. 50 Mio. Euro[5]. Bei den Umsatzerlösen erreichte man bis 2009 eine Marke von ca. 56 Mio. Euro[6]. Damit war man zu diesem Zeitpunkt ökonomisch auf den Weg in den Mittelstand der Liga.

Die wirtschaftlichen Ergebnisse waren allerdings weniger stabil. Vom Jahr 2007 abgesehen wurden bis 2009 nur Verluste erwirtschaftet. Allerdings war der Jahresüberschuss 2007 mit ca. 9 Mio. Euro[7] geeignet, die Verluste der anderen Jahre zu kompensieren. Damit war eine wirtschaftliche Plattform für einen Expansions- und Investitionskurs geschaffen. Es wäre also an der Zeit gewesen, Visionen und Konzepte für die Zukunft zu entwickeln. An dieser Stelle fehlte es im Klub aber an der erforderlichen Ernsthaftigkeit, und so trat man wirtschaftlich, sportlich und auch bei der Image- und Markenentwicklung auf der Stelle.

Zur Illustration dieser Beobachtungen sollen im Weiteren einige entscheidende Meilensteine dieser Bundesliga-Epoche von Hannover 96 ausgeführt werden:

Im August 2006 legte Dr. Karl Heinz Vehling sein Amt als Geschäftsführer nieder. Im September wurde Ilja Kaenzig als Geschäftsführer der H96 GmbH & Co. KGaA abberufen und Martin Kind erneut als alleiniger Geschäftsführer bestellt. Mit Dieter Hecking wurde im September 2006 erstmals ein Trainer langfristig an den Verein gebunden. Auf dieser Basis und mit den erhöhten Fernsehgeldeinnahmen und bei Steigerung der Werbeerträge auf das Niveau anderer vergleichbarer Bundesligisten hätte die Gesellschaft in der Lage sein müssen, nachhaltig positive Ergebnisse erzielen zu können.

Allerdings wurde die Ergebnissituation des Rumpfwirtschaftsjahres 2006 dadurch beeinflusst, dass die geplanten Erträge aus der Vermarktung, ins-

---

5 vgl. Tabelle 1

6 vgl. Tabelle 3

7 vgl. Tabelle 2

besondere die Steigerung der TOP-Sponsoren der Vermarktung der attraktiveren Rückrunde, nicht erreicht werden konnten.
In 2007 verließ Nationalspieler Per Mertesacker die Roten Richtung Bremen. Mertesacker sollte bei Hannover 96 eigentlich zum Sinnbild eines Aufschwungs werden. Er durchlief diverse Jugendmannschaften, spielte in der Bundesligareserve, bevor er sich als Stammspieler in der 1. Mannschaft einen Namen machte und Nationalspieler wurde. Zum 1. Januar 2007 wurde Christian Hochstätter als neuer Sportdirektor eingestellt, um gemeinsam mit Dieter Hecking die sportlichen Geschicke zu lenken. Ferner wurde bereits im Januar 2007 der Vertrag mit Nationaltorwart Robert Enke über die Saison hinaus bis zum 30. Juni 2010 verlängert. Dies sollte ein richtungsweisendes Signal an weitere Leistungsträger des Lizenzspielerkaders sein, den eingeschlagenen Weg des Unternehmens mit zu gestalten.
Auf der Grundlage positiver betriebswirtschaftlicher Daten tätigte Hannover 96 für die Saison 2007/2008 erhebliche Investitionen in den Spielerkader. Es sollten junge Spieler gewonnen werden, die perspektivisch den Kader verstärken sollten. Hiervon versprach man sich neben der sportlichen Weiterentwicklung auch eine erhebliche Imageverbesserung. Im Rückblick lässt sich sagen, dass dieses Vorhaben im Ansatz stecken geblieben ist. Weder der erhoffte sportliche Erfolg noch eine Imageverbesserung konnte erreicht werden, und auch nachhaltige Impulse zur Markenentwicklung blieben aus.

Zielsetzung war zu dieser Zeit die Etablierung in der oberen Tabellenhälfte sowie das Erreichen eines internationalen Wettbewerbs. Nach Platz 8 in Saison 2007/08 wurden die sportlichen Ziele in der nächsten Saison deutlich verfehlt. Dies hatte zur Folge, dass Hannover 96 auch in der Fernsehgeldtabelle einen Platz abrutschte und damit an Finanzkraft einbüßte.
Auch die Verpflichtungen von fünf teilweise namhaften Spielern zu Beginn (Mario Eggimann, Florian Fromlowitz, Jan Schlaudraff, Mikael Forsell, Leo Baloju) sowie zweier ausländischer Nationalspieler (Leon Andreasen, Dänemark, und Jacek Krzynowek, Polen) in der Winterpause 2008/2009 konnten abermals nicht den gewünschten sportlichen Erfolg bringen. In der Winterpause wurde Sportdirektor Hochstätter beurlaubt.
Mit der Saison 2008/2009 waren die Lern- und Lehrjahre abgeschlossen. Denn nun, nach acht Jahren in der obersten deutschen Spielklasse und nach wirtschaftlicher Konsolidierung hätte man in der Lage sein müssen, höhere Ziele zu formulieren, die Zukunft zu planen und Visionen und Konzepte zu entwickeln, um sich im oberen sportlichen Mittelfeld der Tabelle und auf den internationalen Plätzen festzusetzen und gleichzeitig als Marke im gehobenen Mittelstand der Liga etablieren zu können und so einen we-

sentlichen Imagegewinn für die Marke, den Klub und den Standort zu erreichen.

Weshalb ist das nie wirklich gelungen?

Die Herrenjahre in der Bundesliga

Die Bundesligasaison 2009/10 endete am 8. Mai 2010. Es war die 47. Spielzeit.

Die Bilanz von Hannover 96:
Tabellenplatz 15
Spiele: 34; gewonnen: 9; unentschieden: 6; verloren: 19; Tore: 43:67; Punkte: 33
Zuschauerzahlen gesamt: 613.472
Zuschauerschnitt: 38.247
Ausverkaufte Spiele: 4
Umsatz: 46.145.670 €.
Jahresfehlbetrag: 3.093.608 €

Auszug aus dem Jahresabschluss der Hannover 96 GmbH & Co. KGaA per 30. Juni 2010[8]:

> *A. Darstellung des Saisonverlaufs*
> *Zusammenfassende Darstellung Hannover 96 im Kontext zur Gesamtsituation im Profifußball in Deutschland*
>
> *Die Saison 2009/10 verlief sportlich betrachtet sehr unbefriedigend und wurde mit dem 15. Tabellenplatz beendet.*
> *Überschattet wurde die gesamte Saison vom Tod des Nationaltorhüters Robert Enke, der im November 2009 verstarb.*
> *Weiterhin trat im August 2009 Dieter Hecking als Cheftrainer zurück. Ihm folgte Andreas Bergmann, der wiederum im Januar 2010 seinen Posten für Mirko Slomka räumte.*
> *Zum 30. Juni 2010 liefen insgesamt 19 Spielerverträge aus, wovon sechs über den Bilanzstichtag hinaus verlängert wurden. Drei Spieler mit laufenden Verträgen wurden zu anderen Clubs transferiert.*
>
> 2. Umsatzentwicklung
>
> *Im Berichtsjahr sanken die Zuschauereinnahmen um gut 14%.*
> *Die Fernseherträge sind bedingt durch Einbuße eines Platzes in der Fernsehgeldtabelle unter Vorjahresniveau. Im DFB-Pokal wurde die Chance verpasst, mit einem Einzug in die 2. Pokalrunde weitere TV-/ Eintrittsgelder zu generieren.*

---

[8] Quelle: Bundesanzeiger.de

Die Werbeerträge gingen im Berichtsjahr um ca. 6% zurück. Hannover 96 wird in der Saison 2009/10 weiterhin durch den Hauptsponsor TUI AG und weitere Nebensponsoren wie AWD, VW Nutzfahrzeuge, InBev, e.on in Niedersachsen, HDI Gerling und CocaCola finanziell unterstützt, die bis auf CocaCola ihr Engagement auch über den 30. Juni 2010 fortsetzen. Zudem konnte mit NDR 2 ein neuer Medienpartner gewonnen werden.

C. Hinweise auf wesentliche Chancen und Risiken der künftigen Entwicklung

Die Planungsrechnungen basieren auf einer Zugehörigkeit zu der ersten Fußball-Bundesliga. Hannover 96 belegt derzeit den 3. Tabellenplatz[9] *und hat bei Fortsetzung des sportlichen Erfolgs die Chance auf eine deutliche Steigerung der Erträge aus Medienverwertung und Ticketing.*

Berichterstattung nach § 289 Abs. 2 HGB

Vorgänge von besonderer Bedeutung nach dem Schluss des Geschäftsjahres (§ 289 Abs. 2 Nr. 1 HGB)

Mit Beginn der Saison 2010/11 nahmen acht neue Spieler ihre Tätigkeit bei Hannover 96 auf. Die Verträge mit dem Cheftrainer sowie fünf Stammspielern der vergangenen Saison konnten verlängert werden. Zudem nahm Valérien Ismaël seine Tätigkeit als Sportkoordinator auf.

Voraussichtliche Entwicklung (§ 289 Abs. 2 Nr. 2 HGB)

Nach den Ereignissen der abgelaufenen Saison ist das Ziel, die Mannschaft wieder langfristig zu stabilisieren und frühzeitig den Klassenerhalt zu sichern. Künftig soll aber auch weiterhin der Fokus auf dem Erreichen der oberen Tabellenhälfte sowie das Erreichen eines internationalen Wettbewerbs stehen.

---

9 6. Spieltag, 26.09.2010. Saison 2010/11.

Die Bundesligasaison 2010/11 endete am 14. Mai 2011. Es war die 48. Spielzeit.

Die Bilanz von Hannover 96:
Tabellenplatz 4
Spiele: 34; gewonnen: 19; unentschieden: 3; verloren: 12; Tore: 49:45; Punkte: 60
Zuschauerzahlen gesamt: 708.439
Zuschauerschnitt: 43.902
Ausverkaufte Spiele: 6
Umsatz: 52.887.488 €
Jahresüberschuss: 223.546 €

Auszug aus dem Jahresabschluss der Hannover 96 GmbH & Co. KGaA per 30. Juni 2011[10]:

> *A. Darstellung des Saisonverlaufs*
> *Zusammenfassende Darstellung Hannover 96 im Kontext zur Gesamtsituation im Profifußball in Deutschland*
>
> *Die Saison 2010/11 verlief sportlich betrachtet ausgesprochen erfreulich und wurde mit einem hervorragenden 4. Tabellenplatz beendet. Dieser Tabellenplatz berechtigt zur Teilnahme an der Euro League-Qualifikation. Hannover 96 wird in dieser Qualifikationsrunde in zwei Spielen gegen den FC Sevilla aus Spanien antreten. Das ursprüngliche Saisonziel, das Erreichen der 40-Punkte-Marke, wurde bereits im Februar 2011 – am 23. Spieltag der Saison – erreicht.*
> *Sportdirektor und Trainerteam konnten die Mannschaft nach einer schwierigen Vorsaison stabilisieren und neu strukturieren. Insgesamt wurden zur neuen Saison acht neue Spieler verpflichtet. Dem gegenüber stehen 15 Abgänge.*
> *Der Vertrag mit einem Leistungsträger konnte bis 30. Juni 2014 vorzeitig verlängert werden. Nachverpflichtungen wurden in der Wintertransferperiode nicht getätigt. Sportdirektor und Trainerteam konnten zudem langfristig an Hannover 96 gebunden werden.*
>
> 2. Umsatzentwicklung
>
> *In der Jahresrechnung stiegen die Zuschauereinnahmen im Berichtshalbjahr um 16,7 %*
> *Die Fernseherträge bewegten sich mit 18,1% Steigerung deutlich über Vorjahresniveau, was mit der guten Platzierung im laufenden Spielbe-*

[10] Quelle: Bundesanzeiger.de

trieb zusammenhing. Im DFB-Pokal wurde jedoch erneut die Chance verpasst, mit einem Einzug in die 2. Pokalrunde weitere TV-/Eintrittsgelder zu generieren.
Die Werbeerträge hingegen stiegen im Berichtsjahr um ca. 10,3 %.
Hannover 96 wurde in der Saison 2010/11 weiterhin durch den Hauptsponsor TUI AG und weitere Nebensponsoren wie AWD, Volkswagen AG, InBev, e.on in Niedersachsen, HDI-Gerling und die Fa. WeserGold finanziell unterstützt. Weiterhin besteht seit der Saison 2009/10 die Medienpartnerschaft mit NDR 2 fort.

C. Hinweise auf wesentliche Chancen und Risiken der künftigen Entwicklung

Die Planungsrechnungen basieren auf einer Zugehörigkeit zu der ersten Fußball-Bundesliga und Teilnahme an der Europa League.
Mit dem Erreichen der Gruppenphase der Europa League kann der Club hohe zusätzliche Einnahmen aus dem UEFA-Marketpool, Merchandising-Absatz, Ticketing und Werbeleistungen generieren. Weiterhin wurde die 2. Runde[11] *im DFB-Pokal erreicht. Aus diesen Möglichkeiten können weitere Erträge aus zusätzlicher und zunehmender Medienpräsenz erzielt werden.*

Berichterstattung nach § 289 Abs. 2 HGB

Mit Beginn des neuen Geschäftsjahrs 2011/12 ist der Sportdirektor Jörg Schmadtke[12] *zum weiteren Geschäftsführer der Gesellschaft berufen worden.*
Hannover 96 hat nach Erreichen des 4. Tabellenplatzes inzwischen auch die Europa-League Gruppenphase erreicht und sich dabei gegen den spanischen Vertreter FC Sevilla[13] *durchgesetzt.*

Voraussichtliche Entwicklung (§ 289 Abs. 2 Nr. 2 HGB)

Die Mannschaft hat sich in der Saison 2010/11 deutlich stabilisiert. Die weitere Entwicklung dieser Mannschaft ist auch fortan das Ziel. Sportlich betrachtet wird es schwierig sein, den 4. Tabellenplatz der abgelaufenen Saison zu wiederholen. Dennoch ist es das Ziel, Hannover 96 langfristig im oberen Tabellendrittel zu etablieren. Das erneute Erreichen eines internationalen Wettbewerbs ist zudem durch den für den Deutschen Fußball zurückerworbenen weiteren Champions-

---

[11] DFB-Pokalrunde 2011/12

[12] vgl. Abschnitt "Die Ära Schmadtke", Seite 103ff

[13] Hannover 96–FC Sevilla: Hinspiel am 18.08.2011, 2:1. Rückspiel am 25.08.2011, 1:1.

League-Qualifikationsplatz und der Tatsache, dass zukünftig auch Platz 6 in der Tabelle zur Qualifikation in der Europa-League berechtigt, durchaus möglich.

Die Bundesligasaison 2011/12 endete am 5. Mai 2012. Es war die 49. Spielzeit.

Die Bilanz von Hannover 96:
Tabellenplatz 7
Spiele: 34; gewonnen: 12; unentschieden: 12; verloren: 10; Tore: 41:45; Punkte: 48
Zuschauerzahlen gesamt: 735.605
Zuschauerschnitt: 44.825
Ausverkaufte Spiele:7
Umsatz: 77.933.902 €
Jahresüberschuss: 6.277.063€

Auszug aus dem Jahresabschluss der Hannover 96 GmbH & Co. KGaA per 30. Juni 2012[14]:

A. Darstellung des Saisonverlaufs
Zusammenfassende Darstellung Hannover 96 im Kontext zur Gesamtsituation im Profifußball in Deutschland

Die positive sportliche Entwicklung aus der Vorsaison wurde auch in der Saison 2011/12 fortgesetzt. Die Lizenzmannschaft belegte in der abgelaufenen Saison den 7. Tabellenplatz und hat in der Europa-League das 1/4-Finale erreicht. Hier blieb der Mannschaft ein Weiterkommen gegen den späteren Europa-League Gewinner Atlético Madrid[15] aus Spanien verwehrt. Allerdings berechtigte das Abschneiden in der abgelaufenen Bundesliga-Saison dazu, sich über zwei Qualifikationsrunden erneut für die Gruppenphase der Europa-League zu qualifizieren.
Hannover 96 konnte die Mannschaft nach einer sehr erfreulichen Vorsaison weiter stabilisieren und strukturieren. Insgesamt wurden zur neuen Saison fünf neue Spieler verpflichtet, von denen einer ablösefrei verpflichtet werden konnte. In der Wintertransferperiode wurde ein

---

[14] Quelle: Bundesanzeiger.de
[15] Atlético Madrid–Hannover 96. Hinspiel am 29.03.2012, 2:1. Rückspiel am 05.04.2012, 2:1.

weiterer Spieler verpflichtet, der die in ihn gesetzten Erwartungen erfüllen konnte.
Sechs Verträge, zum wesentlichen Teil von Leistungsträgern, konnten verlängert werden. Der sportverantwortliche Geschäftsführer und das Trainerteam sind zudem mittel- bis langfristig an Hannover 96 gebunden.

2. Umsatzentwicklung

Im Berichtszeitraum lagen die Zuschauereinnahmen um 48,2% über denen der Vorsaison. Dies resultiert aus den zusätzlichen Heimspielen der Europa-League, einem weiteren DFB-Pokalspiel in der zweiten Pokalhauptrunde sowie der stärkeren Zuschauernachfrage bei Bundesligaspielen aufgrund des nachhaltigen sportlichen Erfolgs.
Die Fernseherträge per 30. Juni 2012 konnten um 49,9% im Vergleich zum Vorjahr gesteigert werden. Hierzu trug neben den erstmalig erzielten TV-Erlösen aus der Europa League auch ein höherer Anteil für Hannover 96 an den Medienerlösen der Bundesliga aufgrund des sportlichen Erfolgs bei.
Die Werbeerträge erreichten zum 30. Juni 2012 mit einer Steigerungsrate von 35,2% im Vergleich zum Vorjahr nicht ganz die Steigerung der beiden vorgenannten Ertragsstützen.
Hannover 96 wurde in der Saison 2011/12 weiterhin durch den Hauptsponsor TUI AG und weitere Nebensponsoren wie AWD, Volkswagen AG, Hasseröder Brauerei, e.on in Niedersachsen, HDI-Gerling, der AOK Niedersachsen und Canadian Solar finanziell unterstützt. Mit dem deutschen Sportartikelhersteller JAKO wurde zudem ein neuer Ausrüster präsentiert. Weiterhin besteht die Medienpartnerschaft mit NDR 2 fort.

C. Hinweise auf wesentliche Chancen und Risiken der künftigen Entwicklung

Mit dem Erreichen der Gruppenphase in der Europa League kann der Club sich sportlich weiter stabilisieren und es können weitere zusätzliche Einnahmen aus dem UEFA-Marketpool, Ticketing und Werbeleistungen generiert werden.
Weiterhin lässt die aktuelle sportliche Leistung in der Bundesliga, im DFB-Pokal und im internationalen Wettbewerb berechtigte Hoffnungen zu, dass die Nachfrage an der Mannschaft und die daraus folgende Unterstützung unserer Fans ungebrochen bleiben.

Risiken bestehen wie allgemein im professionellen Sport in der unvollständigen Kalkulierbarkeit des sportlichen Erfolgs und den daraus resultierenden wirtschaftlichen Risiken.

Berichterstattung nach § 289 Abs. 2 HGB

Vorgänge von besonderer Bedeutung nach dem Schluss des Geschäftsjahres (§ 289 Abs. 2 Nr. 1 HGB):

Mit Beginn des neuen Geschäftsjahres wurde mit Emanuel Pogatetz ein Leistungsträger abgegeben. Weiterhin wurden mit Henning Hauger und Christopher Avevor zwei weitere Spieler zeitlich befristet an andere Clubs ausgeliehen. Im Gegenzug wurden mit Felipe Trevizan Martins, Szabolcs Huszti, Hiroki Sakai und Adrian Nikci vier Spieler geholt, die zum Teil Nationalspieler in ihrem jeweiligen Herkunftsland sind. Weiterhin konnte sich die Mannschaft für die Gruppenphase der Europa League qualifizieren.

Voraussichtliche Entwicklung (§ 289 Abs. 2 Nr. 2 HGB)

Die Mannschaft hat sich trotz der hohen Anzahl von insgesamt 50 Pflichtspielen gut stabilisiert. Es bleibt weiterhin das Ziel, Hannover 96 langfristig im oberen Tabellendrittel zu etablieren. Das erneute Erreichen der Gruppenphase eines internationalen Wettbewerbs ist zudem ein Indiz, dass die Mannschaft fähig ist, auch in Zukunft auf diesem Niveau – national und international – zu spielen. Die Geschäftsleitung erwartet ein positives Jahresergebnis für das Wirtschaftsjahr 2012/2013.

Zeitenwandel: Erfolg und Irrtum

Die Bundesligasaison 2012/13 endete am 18. Mai 2013. Es war die 50. Spielzeit.

Daten zu Hannover 96
Tabellenplatz 9
Spiele: 34; gewonnen: 13; unentschieden: 6; verloren: 15; Tore: 60:62; Punkte: 45
Zuschauerzahlen gesamt: 613.472
Zuschauerschnitt: 38.247
Ausverkaufte Spiele: 4
Umsatz: 75.142.914 €
Jahresüberschuss: 2.771.787 €

Auszug aus dem Jahresabschluss der Hannover 96 GmbH & Co. KGaA per 30. Juni 2013[16]:

> *Aktive Rechnungsabgrenzungsposten*
> *Die als Aufwand zu erfassenden Rechnungen für Spielerberater – nur bei den Spielern, deren Verträge verlängert bzw. die ablösefrei verpflichtet wurden – werden in einem aktiven Rechnungsabgrenzungsposten, sofern die Zahlungen Aufwand für eine bestimmte Zeit nach dem Bilanzstichtag darstellen, abgebildet und monatlich fortlaufend als Aufwand erfasst*[17, 18].
>
> *A. Darstellung des Saisonverlaufs*
> *Zusammenfassende Darstellung Hannover 96 im Kontext zur Gesamtsituation im Profifußball in Deutschland*
>
> *Die positive sportliche Entwicklung aus der Vorsaison wurde auch in der Saison 2012/13 fortgesetzt, wenn auch am Saisonende mit Tabellenplatz 9 der internationale Wettbewerb verfehlt wurde. In der Europa League wurde das 1/16-Finale*[19] *erreicht. Hier blieb der Mannschaft ein Weiterkommen gegen den russischen Vertreter FC Anzhi Machatschkala verwehrt.*

---

16 Quelle: Bundesanzeiger.de

17 vgl. Abschnitt "Gut beraten mit Berater", Seite 122ff

18 Bundesfinanzhof, Urteil vom 28.8.2013, XI R 4/11.

19 Anschi Machatschkala–Hannover 96. Hinspiel am 14.02.2013, 3:1. Rückspiel am 21.02.2013, 1:1.

Sportgeschäftsführer und Trainerteam konnten die Mannschaft nach einer sehr erfreulichen Vorsaison weiter stabilisieren und strukturieren. Insgesamt wurden in der abgelaufenen Saison acht neue Spieler verpflichtet, davon vier in der Wintertransferperiode, um verletzungsbedingte Ausfälle von Leistungsträgern zu kompensieren und den Spielerkader zielgerichtet zu verstärken. Fünf Verträge, zum wesentlichen Teil von Leistungsträgern, konnten verlängert werden.
Zudem konnte nach der Trennung zwischen Hannover 96 und dem Sportgeschäftsführer Jörg Schmadtke zum 23. April 2013 mit Dirk Dufner[20] *ein neuer Sportdirektor verpflichtet werden, der bereits mehrere Jahre erfolgreich in der Fußball-Bundesliga in gleicher Funktion tätig war. Die Verträge des Cheftrainers und eines Co-Trainers wurden bis zum 30. Juni 2016 verlängert.*

2. Umsatzentwicklung

Im Berichtszeitraum lagen die Zuschauereinnahmen um 13,4% unter denen der Vorsaison. Dies begründet sich im Wesentlichen durch das frühe Ausscheiden aus der Europa League, wodurch zwei Heimspiele im Vergleich zur Vorsaison weniger gespielt wurden, zudem auch durch den Spielplan, der durch Abend- oder Sonntagsspiele einen noch stärkeren Zulauf an Zuschauern verhinderte.
Die Fernseherträge per 30. Juni 2013 konnten um 0,3% im Vergleich zum Vorjahr gesteigert werden. Diese Steigerung wurde trotz des o.g. frühen Ausscheidens aus der Europa League durch eine verbesserte Platzierung in der Fernsehgeldtabelle der DFL erreicht.
Die Werbeerträge erreichten zum 30. Juni 2013 mit 99,2% im Vergleich zum Vorjahr in etwa das gleiche Niveau. Hannover 96 wurde in der Saison 2012/13 weiterhin durch den Hauptsponsor TUI AG und weitere Nebensponsoren wie AWD, JAKO, Volkswagen AG, Ab-InBev, HDI, der AOK Niedersachsen und Canadian Solar finanziell unterstützt. Weiterhin besteht die Medienpartnerschaft mit NDR 2 fort.

C. Hinweise auf wesentliche Chancen und Risiken der künftigen Entwicklung

Die Mannschaft wurde zur neuen Saison personell deutlich verstärkt. Mit den getätigten Investitionen soll die Qualität in der Breite erhöht werden. Dies soll im Wettbewerb im Kampf um die internationalen Plätze sicherstellen, dass auf Verletzungen, Ausfälle und Abgänge

[20] vgl. Abschnitt "Das Missverständnis Dufner", Seite 107ff

adäquat reagiert werden kann. Ziel dieser Spielzeit ist es, sich am Ende der Saison wieder für einen internationalen Wettbewerb zu qualifizieren.
Risiken bestehen neben allgemeinen Verletzungsrisiken insbesondere in der Verfehlung der erneuten Qualifikation für den internationalen Wettbewerb bei inzwischen gestiegener Kostenstruktur.
Zudem sind inzwischen die Planungen zum Bau eines neuen Nachwuchsleistungszentrums deutlich vorangeschritten. Dieses Projekt soll die Wettbewerbsfähigkeit im Kampf um Nachwuchstalente voranbringen und es ermöglichen, in absehbarer Zeit wieder vermehrt Jugendspieler an den Lizenzspielerbereich heranzuführen[21]*.*

Berichterstattung nach § 289 Abs. 2 HGB

Vorgänge von besonderer Bedeutung nach dem Schluss des Geschäftsjahres (§ 289 Abs. 2 Nr. 1 HGB):

Mit Beginn des neuen Geschäftsjahres wurden mit Mohamed Abellaoue, Konstantin Rausch und Karim Haggui drei Spieler an den VfB Stuttgart abgegeben. Der Leihvertrag von Daniel Royer mit dem 1. FC Köln endete zum 30. Juni 2013. Hier erfolgte ein endgültiger Transfer des Spielers zu Austria Wien. Zudem liefen die Verträge von Sergio da Silva Pinto, Mario Eggimann und Sofian Chahed aus. Samuel Radlinger wurde an SK Rapid Wien für zwei Jahre ausgeliehen. Im Gegenzug wurden bis dato sechs neue Spieler verpflichtet, die aufgrund ihres Alters, ihrer Qualität und ihrer Entwicklungsfähigkeit sehr gut in das Anforderungsprofil und die Ziele des Clubs passen.

Voraussichtliche Entwicklung (§ 289 Abs. 2 Nr. 2 HGB)

Die Mannschaft hat sich trotz der erneut hohen Anzahl von diesmal 49 Pflichtspielen gut stabilisiert. Der Kader ist zur neuen Saison auch in der Breite noch besser aufgestellt worden. Die weitere Entwicklung dieser Mannschaft bleibt auch fortan das Ziel. Sportlich betrachtet muss es das Ziel sein, über die Platzierung in der Bundesliga wieder einen internationalen Wettbewerb zu erreichen. Das Verpassen eines internationalen Wettbewerbs in der abgelaufenen Saison ist zudem zusätzliche Motivation, dass Mannschaft und Umfeld gewillt sind, in Zukunft wieder auf dieses Niveau zurückzukehren.

[21] vgl. Abschnitt "Forschung + Entwicklung (FuE) – Potenzial- und Ausbildungsinitiative", Seite 73ff

Die Bundesligasaison 2013/14 endete am 10. Mai 2014. Es war die 51. Spielzeit.

Die Bilanz von Hannover 96:
Tabellenplatz 10
Spiele: 34; gewonnen: 12; unentschieden: 6; verloren: 16; Tore: 46:59; Punkte: 44
Zuschauerzahlen gesamt: 751.653
Zuschauerschnitt: 45.664
Ausverkaufte Spiele: 4
Umsatz: 74.515.123 €
Jahresüberschuss: 2.726.462 €

Auszug aus dem Jahresabschluss der Hannover 96 GmbH & Co. KGaA per 30. Juni 2014[22]:

> *A. Darstellung des Saisonverlaufs*
> *Zusammenfassende Darstellung Hannover 96 im Kontext zur Gesamtsituation im Profifußball in Deutschland*
>
> *Der personelle Umbruch der Lizenzmannschaft von HANNOVER 96 wurde in der Saison 2013/14 weiter vorangetrieben. Der sportliche Erfolg der Vorjahre konnte dabei jedoch nur sehr wechselhaft fortgesetzt werden. Die Bundesligasaison 2013/14 wurde nach dem letzten Spieltag mit Platz 10 und 42 Punkten abgeschlossen. Der Klassenerhalt konnte dabei nach dem 32. Spieltag perfekt gemacht werden.*
> *Das ursprüngliche Saisonziel, Erreichen der UEFA Europa League, wurde bereits frühzeitig nach unten korrigiert, so dass es für die abgelaufene Saison in erster Linie um die Sicherung der Spielklasse zur Saison 2014/15 ging.*
> *Die personelle Umgestaltung des Kaders ist nicht beendet. Diese bleibt sehr wichtig, um die Mannschaft weiter zu stabilisieren und zu strukturieren. In der Wintertransferperiode wurden zwei weitere Spieler zunächst bis zum Saisonende ausgeliehen. Beide Leihverhältnisse endeten zum 30. Juni 2014. Insgesamt wurden zur neuen Saison fünf neue Spieler verpflichtet.*
> *Der Vertrag mit dem Cheftrainer der Lizenzmannschaft, ursprünglich bis zum 30. Juni 2016 datiert, wurde zum 31. Dezember 2013 gekündigt. Der des Co-Trainers endete zum 17. Februar 2014.*

---

[22] Quelle: Bundesanzeiger.de

Weiterhin wurde der Dienstleistungsvertrag mit dem Sportwissenschaftler beendet.
Zum Beginn der Rückrunde wurde ein neues Trainergespann unter der Leitung von Tayfun Korkut[23] präsentiert. Ihm wurden drei weitere Co-Trainer zur Seite gestellt, von denen einer zur neuen Saison die sportliche Leitung des Nachwuchsleistungszentrums übernehmen wird.

2. Umsatzentwicklung

Im Geschäftsjahr lagen die Zuschauereinnahmen bei 77,5% des Vorjahres. Dieser massive Rückgang hängt jedoch im Wesentlichen mit den fehlenden Europa League Heimspielen zusammen. Betrachtet man in diesem Vergleich lediglich die Erträge aus den Meisterschaftsspielen, konnten diese im Vergleich zur Vorsaison sogar um 4,7% gesteigert werden.
Die Fernseherträge per 30. Juni 2014 lagen 4,6% über denen des Vorjahres. Hier profitiert HANNOVER 96 ganz wesentlich von den guten sportlichen Ergebnissen der vergangenen beiden Spielzeiten und der damit erreichten besseren Platzierung in der Fernsehgeldtabelle. Diese Mehreinnahmen gleichen die Mindereinnahmen aus den Fernsehgeldern der Europa League sowie die Mindereinnahmen aus dem DFB-Pokal aus. Im letztgenannten Wettbewerb konnte HANNOVER 96 in dieser Saison kein Heimspiel verbuchen.
Die Werbeerträge erreichten zum 30. Juni 2014 in etwa das Niveau der Vorsaison. Es ist eine leichte Steigerung der Erträge von 0,4% zu verzeichnen.
HANNOVER 96 wurde in der Saison 2013/14 durch den Hauptsponsor TUI AG und weitere Nebensponsoren wie dem HDI, der JAKO AG, der Volkswagen AG, der Continental AG, der AOK Niedersachsen und Admiral Sportwetten finanziell unterstützt. Weiterhin besteht die Medienpartnerschaft mit NDR 2 fort. Der Hauptsponsor, die TUI AG, gab bereits zu Beginn der Rückserie seinen Ausstieg zum 30. Juni 2014 bekannt.

C. Hinweise auf wesentliche Chancen und Risiken der künftigen Entwicklung

Der Austausch des Trainerstabes und die weiter vorangetriebene, aber noch nicht vollständig abgeschlossene Neuausrichtung des Lizenzspielerkaders bieten künftig die Chance, eine Mannschaft zu gestal-

---

[23] vgl. Abschnitt "Trainer – immer die richtige Wahl?", Seite 114ff

ten, die kurz- und mittelfristig in der Lage sein muss, sich im oberen Tabellendrittel zu etablieren. Dabei sollte kurzfristig das Erreichen eines einstelligen Tabellenplatzes das Ziel sein, um dann entsprechend das Augenmerk auf die Tabellenplätze zu lenken, die eine Teilnahme an einem internationalen Wettbewerb ermöglichen.

Durch langfristige Bindung wichtiger Spieler, wie beispielsweise Weltmeister Ron-Robert Zieler, können wichtige Signale für Trainer, Mannschaft und Umfeld gesendet werden, um diese Ziele gemeinsam zu verwirklichen.

Risiken bestehen wie immer in allgemeinen Verletzungsszenarien. Dem ist HANNOVER 96 mit seiner Transferpolitik entgegengetreten, um den Kader auch in der Breite leistungsfähiger aufzustellen. Gleichzeitig muss die Gesellschaft durch hohe Investitionen in das Spielervermögen sowie eine deutliche Erhöhung seiner Personalkosten seine Kostenstruktur weiterhin noch effizienter gestalten, so dass sie auch fortan in der Lage ist, ohne die Teilnahme an einem internationalen Wettbewerb wirtschaftlich konkurrenzfähig zu bleiben.

Der beschlossene Neubau eines Nachwuchsleistungszentrums ab 2015 auf dem Gelände rund um das Eilenriedestadion bietet zudem die einmalige Chance, künftig deutlich wettbewerbsfähiger im Kampf um die Gewinnung von Talenten[24] zu sein und diese dann gezielter und deutlich qualifizierter ausbilden zu können, um sie später ggf. dem Lizenzspielerbereich zuführen zu können[25].

Berichterstattung nach § 289 Abs. 2 HGB

Vorgänge von besonderer Bedeutung nach dem Schluss des Geschäftsjahres (§ 289 Abs. 2 Nr. 1 HGB):

Mit Jose Luis Mato Sanmartin, kurz "Joselu", wurde gleich zu Beginn des neuen Geschäftsjahres der teuerste Spielereinkauf in der Clubgeschichte realisiert[26].

Weiterhin wurden mit Hiroshi Kiyotake, Miiko Albornoz, Robert Almer und Ceyhun Gülselam jeweils Nationalspieler ihres Landes verpflichtet, die zum Teil auch Teilnehmer an der WM 2014 gewesen sind. Mit Vladimir Rankovic[27], Kenan Karaman und Stefan Thesker[28] konnten zur

---

[24] vgl. Abschnitt "Reputation als Arbeitgebermarke", Seite 50ff

[25] vgl. Abschnitt "Nachwuchsausbildung - NLZ", Seite 153ff

[26] Transfer am 01.07.2015 zu Stoke City.

[27] 01.01.2015–30.06.2015, Leihe Erzgebirge Aue. U23-Hannover 96: 3 Einsätze.

[28] Transfer am 05.01.2015 zu Greuther Fürth.

Saison 2014/15 junge Perspektivspieler verpflichtet werden, die in den Kader integriert und an die Fußballbundesliga herangeführt werden sollen. Mit diesen drei letztgenannten Spielerverpflichtungen wurde abermals deutlich, dass es ein Ziel von HANNOVER 96 sein muss, neben Spielern aus dem eigenen Nachwuchsbereich auch junge talentierte Spieler sukzessive zu integrieren und aufzubauen.
Abgegeben wurden bislang Spieler wie Szabolcs Huszti, Sebastien Pocognoli und Ali Gökdemir.
Mit dem regional ansässigen Unternehmen Heinz von Heiden GmbH Massivhäuser konnte HANNOVER 96 zudem einen neuen Hauptsponsor gewinnen, mit dem eine Zusammenarbeit bis zum 30. Juni 2017 vereinbart wurde[29]*.*

Voraussichtliche Entwicklung (§ 289 Abs. 2 Nr. 2 HGB)

Der Umbruch der Mannschaft ist weit vorangeschritten. Es gilt, die neuen Spieler schnell zu integrieren und sportliche Stabilität zu erlangen. Der Trainer und sein Team hatten die Möglichkeit, die Mannschaft nach eigenen Vorstellungen zu gestalten, nachdem dies zu Beginn der Rückserie nur bedingt möglich war und der Klassenerhalt erst am 32. Spieltag rechnerisch perfekt gemacht wurde. HANNOVER 96 hat einen großen finanziellen Rahmen geschaffen, um zukünftig wieder den Weg in das obere Tabellendrittel zu gehen und kurz- bis mittelfristig die Teilnahme an einem internationalen Wettbewerb zu ermöglichen.

[29] vgl. Abschnitt "Markenführung - Co-Branding - Testimonial", Seite 148ff

Die deterministische Prozesskette eines Abstiegs

Krisen erkennen

Wenn Umsatz und Gewinn eines Unternehmens dem gehobenen Mittelstand zugerechnet werden können, es also als wirtschaftlich gesund angesehen werden kann, dann aber dennoch in eine Krise gerät, hat in der Regel das Management versagt. Krisenprävention und -management ist in erster Linie Aufgabe des Managements. Je früher die Symptome einer Krise erkannt und Gegenmaßnahmen eingeleitet werden, desto größer ist die Aussicht auf Erfolg.

Krisen von Profisportunternehmen werden regelmäßig allein auf den sportlichen Bereich, auf die sportlichen Leistungen und auf die sportliche Leistungserstellung eingegrenzt. Dabei werden wesentliche Aspekte einer Krise tabuisiert. Einsicht, dass Fehlentwicklungen bereits durch Entscheidungen hinter der sportlichen Leistungserstellung hervorgerufen wurden, besteht nicht. Im Ergebnis wächst die Scheu, sich selbst und anderen das Scheitern einzugestehen. Hinzu kommt eine paranoide Beratungsresistenz. Verstärkt wird ein solches Reaktionsverhalten der Beteiligten durch die selbstüberschätzende Wahrnehmung, dass ihre Sicht auf das Geschäft Profifußball die einzig wahre Sicht ist. Chris Anderson und David Sally beschreiben das in ihrem Buch "*Die Wahrheit liegt auf dem Platz*"[30] so:

> *"Sie wollen sich nicht sagen lassen, dass sie etwas übersehen haben. Dass es ein Wissen gibt, das ihnen fremd ist. Dass man es nicht so machen muss, wie sie es schon immer gemacht haben. Fußball ist vorsätzlich ignorant."*

Zum sicheren Erkennen einer Krise gehört es zunächst einmal, den Zeitablauf bzw. Krisenfortschritt, also die deterministischen Krisenprozesse, zu identifizieren. So stellt nicht nur die Definition von Frühindikatoren eine Herausforderung dar, sondern auch deren Interpretation durch die verantwortlichen Mitarbeiter. Dabei sind neben den endogenen auch die exogenen Krisenursachen zu berücksichtigen, die sich als Auslöser und Beschleuniger von Krisen, auch von sportlichen Krisen, erweisen können.

Eine Krise, auch eines Profifußballunternehmens, resultiert aus einem ungewollten Prozess, in dessen Verlauf sich die strategischen Potenziale, Er-

---

[30] Chris Anderson/David Sally: "Die Wahrheit liegt auf dem Platz". Rowohlt Taschenbuch Verlag, Reinbek: 2014.

folgspotenziale und Innovationspotenziale verschlechtern. Dieser Prozess verläuft meist schleichend und häufig über Jahre hinweg durch verschiedene Krisenstadien, bis die Krise sichtbar wird.
So muss in der Analyse des Falls Hannover 96 zunächst geklärt werden, was für eine Krise hier vorliegt bzw. welche Krisen wann und wie begonnen haben. Es gilt, die Krisen zu identifizieren, die sich dann in einer deterministischen Prozesskette zwangsläufig zu dem finalen Ereignis, dem Abstieg, verdichten mussten. Diese Prozesskette wird im Folgenden untersucht, beschrieben und in der Kausalität erläutert werden.
Die Ausgangslage ist die Feststellung, dass bereits frühzeitig, etwa 2009, eine strategische Krise eingetreten ist, die dadurch gekennzeichnet war, dass die Erfolgspotenziale falsch eingeschätzt wurden. Diese Entwicklung betrifft den Zeitraum ab dem Erreichen der UEFA Europa League. Gründe für diese Krise sind u.a. personelle Fehlentwicklungen, verpasste sportliche Entwicklungen, Probleme mit Markenführung und Marketing. Diese Punkte führten bereits vor den temporären sportlichen Erfolgen zu ersten erodierenden Verlusten an Wettbewerbsstärke. Ein Zustand, der nicht wahrgenommen oder tabuisiert wurde. Diese strategische Krise ist eines der ersten Glieder der Prozesskette. Als weitere Glieder folgten fast parallel Innovationskrise, Investitionskrise[31] und Führungskrise.

[31] vgl. Abschnitt "Kennzahlen – Transferbilanz", Seite 32ff

Kennzahlen – Transferbilanz

Die folgenden Kennzahlen erläutern über eine Zeitschiene von zehn Jahren hinweg, wie sich die Transferbilanz von Hannover 96 entwickelt hat. Im Zehnjahresvergleich sind alle Transfereinahmen und Transferausgaben ab der Saison 2006/07 bis zu Saison 2015/16 kumuliert enthalten. Der Saldo wurde zunächst ins Verhältnis zum Umsatz und zum sportlichen Erfolg in der Saison 2015/16 gesetzt, wobei die erreichte Punktzahl gewichtet und ins Verhältnis zum erreichten Tabellenplatz gesetzt wurde.

Tabelle 4: Zehnjahresvergleich							
	Transferbilanz 2006/07-2015/16						
Rang n. Transfer-Erfolgen	Verein	Rang n. Transfer-Erlösen	Summe Transfer-Erlöse *	Umsatz i.Mio. **	Tab.-Platz	Punkte	Kennziffer n. Punkten/ Tab.Platz
1	Mainz 05	2	27,83 Mio.€	78,70 €	6	50	0,232
2	Werder Bremen	1	33,93 Mio.€	91,30 €	13	38	0,167
3	Hertha BSC	4	17,59 Mio.€	104,30 €	7	50	0,107
4	VfB Stuttgart	3	20,43 Mio.€	114,80 €	17	33	0,068
5	Schalke 04	6	-1,61 Mio.€	215,30 €	5	52	-0,037
6	BVB	15	-42,83 Mio.€	223,79 €	2	78	-0,383
7	*SV Darmstadt* ***	5	-0,16 Mio.€	4,58 €	14	38	-0,489
8	Bayer Leverkusen	12	-23,14 Mio.€	140,00 €	3	60	-0,496
9	Bayern München	18	-324,10 Mio.€	528,70 €	1	88	-0,613
10	Borussia MG	14	-42,28 Mio.€	130,00 €	4	55	-1,301
11	1.FC Köln	10	-14,95 Mio.€	68,60 €	9	43	-1,961
12	Hoffenheim 1899	9	-10,51 Mio.€	66,00 €	15	37	-2,389
13	FC Augsburg	8	-9,71 Mio.€	47,50 €	12	38	-2,453
14	Eintracht Frankfurt	11	-21,06 Mio.€	99,00 €	16	36	-3,404
15	*FC Ingolstadt* ***	7	-8,47 Mio.€	23,73 €	11	40	-3,926
16	HSV	16	-48,21 Mio.€	120,30 €	10	41	-4,008
17	Hannover 96	13	-39,41 Mio.€	80,00 €	18	25	-8,867
18	VfL Wolfsburg	17	-137,03 Mio.€	100,00 €	8	45	-10,963

* Quelle: transfermarkt.de
** Quelle: statistika.de Stand: Juli 2015
*** Aufsteiger 2015/16
eigene Auswertung - Stand: 24.06.2016

Für sich allein haben diese Kennzahlen sicherlich noch keine nennenswerte Aussagekraft. Wenn man sich dazu nun aber auch noch die Kennzahlen des Fünfjahresvergleichs ansieht, so verdichtet sich die Annahme, dass Hannover 96 in Sachen Transfers nur wenige Erfolge zu verbuchen hatte und kaum Potenzial entwickelte.

Tabelle 5: Fünfjahresvergleich							
	Transferbilanz 2011/12-2015/16						
Rang n. Transfer-Erfolgen	Verein	Rang n. Transfer-Erlösen	Summe Transfer-Erlöse *	Umsatz i.Mio. **	Tab.-Platz	Punkte	Kennziffer n. Punkten/ Tab.Platz
1	Mainz 05	2	20,00 Mio.€	78,70 €	6	50	0,167
2	Hoffenheim 1899	4	16,40 Mio.€	66,00 €	15	37	0,107
3	Werder Bremen	3	19,43 Mio.€	91,30 €	13	38	0,096
4	Schalke 04	1	25,38 Mio.€	215,30 €	5	52	0,084
5	Hertha BSC	6	8,97 Mio.€	104,30 €	7	50	0,054
6	VfB Stuttgart	5	9,63 Mio.€	114,80 €	17	33	0,032
7	1.FC Köln	7	0,45 Mio.€	68,60 €	9	43	0,003
8	FC Augsburg	8	-0,70 Mio.€	47,50 €	12	38	-0,177
9	Bayer Leverkusen	12	-13,88 Mio.€	140,00 €	3	60	-0,297
10	BVB	16	-34,86 Mio.€	223,79 €	2	78	-0,312
11	Bayern München	18	-198,70 Mio.€	528,70 €	1	88	-0,376
12	Borussia MG	15	-29,97 Mio.€	130,00 €	4	55	-0,922
13	Eintracht Frankfurt	11	-9,02 Mio.€	99,00 €	16	36	-1,458
14	HSV	13	-26,35 Mio.€	120,30 €	10	41	-2,190
15	*SV Darmstadt* ***	*9*	*-1,21* Mio.€	*4,58 €*	*14*	*38*	-3,699
16	*FC Ingolstadt* ***	*10*	*-8,02* Mio.€	*23,73 €*	*11*	*40*	-3,718
17	VfL Wolfsburg	17	-63,18 Mio.€	100,00 €	8	45	-5,055
18	Hannover 96	14	-29,08 Mio.€	80,00 €	18	25	-6,543

* Quelle: transfermarkt.de
** Quelle: statitika.de Stand: Juli 2015
*** Aufsteiger 2015/16
eigene Auswertung - Stand: 15.05.2016

Betrachtet man die Kennzahlen für die Saison 2015/16, dann stellt man fest, dass Hannover 96 auch hier kein Erfolgspotenzial entwickeln konnte und dass auch nach dieser wirtschaftlichen Berechnung, genau wie in der sportlichen Leistungsmessung, nur ein Abstiegsplatz erreicht werden konnte.

Rang n. Transfer-Erfolgen	Tabelle 6: Transferbilanz 2015/16						Kennziffer n. Punkten/ Tab.Platz
	Verein	Rang n. Transfer-Erlösen	Summe Transfer-Erlöse *	Umsatz i.Mio. **	Tab.-Platz	Punkte	
1	VfL Wolfsburg	1	51,10 Mio.€	100,00 €	8	45	0,289
2	Hoffenheim 1899	2	33,25 Mio.€	66,00 €	15	37	0,216
3	Mainz 05	4	21,85 Mio.€	78,70 €	6	50	0,182
4	BVB	3	22,80 Mio.€	223,79 €	2	78	0,129
5	Schalke 04	5	12,00 Mio.€	215,30 €	5	52	0,040
6	FC Augsburg	9	4,05 Mio.€	47,50 €	12	38	0,039
7	Bayer Leverkusen	8	5,25 Mio.€	140,00 €	3	60	0,035
8	Werder Bremen	6	6,83 Mio.€	91,30 €	13	38	0,034
9	VfB Stuttgart	7	5,38 Mio.€	114,80 €	17	33	0,018
10	1.FC Köln	10	1,95 Mio.€	68,60 €	9	43	0,015
11	Eintracht Frankfurt	11	0,83 Mio.€	99,00 €	16	36	0,003
12	Bayern München	18	-55,50 Mio.€	528,70 €	1	88	-0,105
13	Hertha BSC	13	-2,53 Mio.€	104,30 €	7	50	-0,170
14	HSV	16	-8,65 Mio.€	120,30 €	10	41	-0,719
15	Borussia MG	17	-23,80 Mio.€	130,00 €	4	55	-0,732
16	Hannover 96	14	-5,40 Mio.€	80,00 €	18	25	-1,215
17	*FC Ingolstadt* ***	*15*	*-6,20* Mio.€	*23,73 €*	*11*	*40*	-2,874
18	*SV Darmstadt* ***	*12*	*-0,95* Mio.€	*4,58 €*	*14*	*38*	-2,904

* Quelle: transfermarkt.de

** Quelle: statitika.de Stand: Juli 2015

*** Aufsteiger 2015/16

eigene Auswertung - Stand: 15.05.2016

Die nächste Tabelle zeigt, welche sportliche Substanz die Transfers in der Zeit von 2009 bis 2016 generierten.

Tabelle 7: Transfers 2009-2016

2009/2010		
Name	**Marktwert ***	**Ablöse**
Didier Ya Konan	***850 Tsd. €***	***550 Tsd. €***
Arouna Koné	2,00 Mio. €	Leihgebühr: 500 Tsd. €
Constant Djakpa	1,00 Mio. €	Leihgebühr: 400 Tsd. €
Jan Durica	2,10 Mio. €	Leihgebühr: 300 Tsd. €
Élson	2,00 Mio. €	Leihgebühr: 300 Tsd. €
Valdet Rama	600 Tsd. €	ablösefrei
Sofian Chahed	2,00 Mio. €	ablösefrei
Karim Haggui	***3,00 Mio. €***	***ablösefrei***
Uwe Gospodarek	-	-
Manuel Schmiedebach	***125 Tsd. €***	
		Ausgaben: 2,05 Mio. €

2010/2011		
Mohammed Abdellaoue	***1,10 Mio. €***	***1,00 Mio. €***
Lars Stindl	***1,75 Mio. €***	***ablösefrei***
Ron-Robert Zieler	***300 Tsd. €***	***ablösefrei***
Emanuel Pogatetz	***3,50 Mio. €***	***ablösefrei***
Carlitos	1,00 Mio. €	ablösefrei
Moritz Stoppelkamp	1,00 Mio. €	ablösefrei
DaMarcus Beasley	1,75 Mio. €	ablösefrei
Markus Miller	1,40 Mio. €	ablösefrei
Christopher Avevor	-	-
Willi Evseev	-	-
Felix Burmeister	75 Tsd. €	
		Ausgaben: 1,00 Mio. €

2011/2012		
Mame Diouf	***4,00 Mio. €***	***1,80 Mio. €***
Artur Sobiech	***2,00 Mio. €***	***1,10 Mio. €***
Daniel Royer	800 Tsd. €	600 Tsd. €
Henning Hauger	1,20 Mio. €	450 Tsd. €
Samuel Radlinger	-	250 Tsd. €
Christian Pander	***2,00 Mio. €***	***ablösefrei***
Jannis Pläschke	-	-
Deniz Aycicek	75 Tsd. €	-
Erdal Akdari	-	
		Ausgaben: 4,20 Mio. €

2012/2013		
Felipe	3,00 Mio. €	2,50 Mio. €
Sébastien Pocognoli	3,20 Mio. €	2,00 Mio. €
França	-	1,30 Mio. €
Hiroki Sakai	***2,00 Mio. €***	***1,20 Mio. €***
Andre Hoffmann	***800 Tsd. €***	***800 Tsd. €***
Szabolcs Huszti	***2,00 Mio. €***	***750 Tsd. €***
Adrian Nikci	750 Tsd. €	600 Tsd. €
Johan Djourou	***6,00 Mio. €***	***Leihgebühr: 400 Tsd. €***
Yannik Schulze	-	-
Niko Gießelmann	150 Tsd. €	-
Sascha Schünemann	150 Tsd. €	-
		Ausgaben: 9,55 Mio. €

2013/2014		
Name	**Marktwert ***	**Ablöse**
Leonardo Bittencourt	***2,75 Mio. €***	***2,80 Mio. €***
Marcelo	***3,00 Mio. €***	***2,75 Mio. €***
Edgar Prib	***3,00 Mio. €***	***2,50 Mio. €***
Salif Sané	***2,50 Mio. €***	***2,00 Mio. €***
Artjoms Rudnevs	5,00 Mio. €	Leihgebühr: 300 Tsd. €
Frantisek Rajtoral	2,20 Mio. €	Leihgebühr: 150 Tsd. €
Konstantin Fuhry	-	ablösefrei
Florian Ballas	25 Tsd. €	ablösefrei
Almir Kasumovic	-	-
Deniz Kadah	300 Tsd. €	-
Tim Dierßen	100 Tsd. €	-
Ali Gökdemir	150 Tsd. €	-
Valmir Sulejmani	75 Tsd. €	-
		Ausgaben: 10,50 Mio. €

2014/2015		
Joselu	3,00 Mio. €	5,00 Mio. €
Hiroshi Kiyotake	***4,50 Mio. €***	***4,30 Mio. €***
Miiko Albornoz	***1,00 Mio. €***	***1,50 Mio. €***
Ceyhun Gülselam	***2,00 Mio. €***	***ablösefrei***
Jimmy Briand	2,50 Mio. €	ablösefrei
Didier Ya Konan	1,50 Mio. €	ablösefrei
Robert Almer	500 Tsd. €	ablösefrei
Vladimir Rankovic	200 Tsd. €	ablösefrei
Stefan Thesker	400 Tsd. €	ablösefrei
Marius Stankevicius	300 Tsd. €	ablösefrei
João Pereira	3,00 Mio. €	ablösefrei
Kenan Karaman	***100 Tsd. €***	***ablösefrei***
Timo Königsmann	-	-
Niklas Teichgräber	75 Tsd. €	-
Sebastian Ernst	100 Tsd. €	-
		Ausgaben: 10,80 Mio. €

2015/2016		
Oliver Sorg	***3,00 Mio. €***	***3,50 Mio. €***
Mevlüt Erdinc	4,00 Mio. €	3,30 Mio. €
Felix Klaus	2,50 Mio. €	3,00 Mio. €
Uffe Bech	2,00 Mio. €	2,00 Mio. €
Iver Fossum	1,30 Mio. €	2,00 Mio. €
Hotaru Yamaguchi	1,50 Mio. €	1,50 Mio. €
Marius Wolf	800 Tsd. €	1,50 Mio. €
Charlison Benschop	2,00 Mio. €	1,50 Mio. €
Ádám Szalai	3,00 Mio. €	Leihgebühr: 600 Tsd. €
Allan Saint-Maximin	1,00 Mio. €	Leihe
Alexander Milosevic	***1,00 Mio. €***	***Leihe***
Hugo Almeida	1,00 Mio. €	ablösefrei
Philipp Tschauner	600 Tsd. €	ablösefrei
Maurice Hirsch	500 Tsd. €	-
Niklas Feierabend	-	-
Mike-Steven Bähre	75 Tsd. €	-
Waldemar Anton	-	-
		Ausgaben: 18,90 Mio. €

Legende
Stammspieler o. regelmäßig eingesetzt
kaum eingesetzt
Flop

Quelle: eigene Auswertung Transfermarkt.de

*** MW im Transferjahr**

In absoluten Zahlen liest sich das über den Gesamtzeitraum so:

Gesamtinvestitionen:	*57,00 Mio. Euro*
davon Nutz-Investition:	*26,95 Mio. Euro*
davon Fehlinvestitionen:	*30,05 Mio. Euro*

Die Quote der Fehlinvestitionen liegt bei 53 Prozent. Effektiv ergibt sich folgendes Bild:
Von 85 getätigten Transfers zwischen 2009 bis 2016 wurden insgesamt 23 Spieler Stammspieler oder wenigstens regelmäßig eingesetzt. Die Erfolgsquote liegt bei ca. 20 Prozent und die der "Flops" demgemäß bei ca. 80 Prozent.
Das allein ist noch kein Indiz dafür, dass ein Klub einen Abstiegsprozess anstößt. Aber entscheidend ist das Zeitfenster, indem sich diese Entwicklungen vollzogen haben. Gemeinsam mit weiteren Parametern betrachtet sind die Fehlinvestitionen ein beachtlicher Indikator für eine sich abzeichnende oder bereits eingetretene akute Krise.

Das Unternehmen Hannover 96

Unternehmen

In der 1. und auch der 2. Bundesliga gibt es keinen Klub, der eine so verzweigte Firmenkonstruktion hat wie Hannover 96. Selbst die TSG 1899 Hoffenheim, die ja ebenfalls aufgrund des Konsenspapiers der DFL zur 50+1-Regel[32] bereits im Juli 2015 von Investor Dietmar Hopp übernommen wurde, ist nicht so aufgestellt.

Die Struktur im Profibereich von Hannover 96 sieht per Juli 2016 wie folgt aus: Der Profibereich ist ausgelagert in die Hannover 96 GmbH & Co. KGaA (Geschäftsführer: Martin Kind, Martin Bader, Björn Bremer [seit April 2016] – Vorsitzender Aufsichtsrat: Rainer Feuerhake). Das ist der operative Bereich, in dem die Fußball-Lizenzspielerabteilung und das Nachwuchsleistungszentrum betrieben werden.

Persönlich haftende Gesellschafterin (Komplementärin) ist hier die Hannover 96 Management GmbH (Geschäftsführer: Martin Kind, Martin Bader, Björn Bremer [seit April 2016]). Die Gesellschaft beruft die Geschäftsführer der Hannover 96 Sales & Service GmbH & Co. KG (Hannover 96 S&S). An dieser GmbH besitzt der Hannoversche Sportverein v. 1896 e.V. noch 100 Prozent der Stimmanteile – am 9. Juli 2018 werden diese Stimmanteile auf die Hannover 96 Sales & Services GmbH übertragen (Auslaufen der 50+1 Regelung). Bis September 2014 gehörten der Management GmbH und somit auch dem Verein 15,66 Prozent an der KGaA. Diese Anteile wurden bereits 2014 für 3,5 Mio. Euro an die Hannover 96 S&S verkauft.

Am 8. Juli 1998 wurde die Hannover 96 S&S (Geschäftsführer: Martin Kind, Martin Bader [seit Oktober 2015], Björn Bremer [seit April 2016]) gegründet, ursprünglich als Sanierungsgesellschaft für den seinerzeit den Tatbestand der Insolvenz erfüllenden Verein Hannover 96 e.V. In diese Gesellschaft haben die Investoren eingezahlt. Bis 5. Mai 2016 gab es folgende Beteiligungen:

27,04 Prozent Martin Kind, 25,69 Prozent Detlev Meyer, 19,76 Prozent Dirk Roßmann, 12,45 Prozent Michael Schiemann, 8,5 Prozent Gregor Baum, 3,79 Prozent Matthias Wilkening, 2,77 Prozent Verlagsgesellschaft Mad-

---

32 Die 50+1-Regel (manchmal auch 50+1-Regelung) ist eine Vorschrift in den Statuten der Deutschen Fußball-Liga. Nach dieser Vorschrift ist es Kapitalanlegern nicht möglich, die Stimmenmehrheit bei Kapitalgesellschaften zu übernehmen, in die Fußballvereine ihre Profimannschaften ausgegliedert haben.

sack. Am 6. Mai 2016 übernahm Martin Kind den Anteil von 25,69 Prozent des Gesellschafters Detlef Meyer. Die Hannover 96 S&S erbringt für die KGaA ein Art Dienstleisterfunktion für Markenführung, Marketing, Ticketing, Merchandising.

Am 7. Juli 2016 hat sich die Anteils- und Gesellschafterstruktur bei der H96 S&S nochmals verändert: Ausgeschieden sind die Gesellschafter Michael Schiemann und die Madsack-Verlagsgesellschaft. Die Gesellschafteranteile verteilen sich nun auf ein Investoren-Quartett. Martin Kind mit 52,75 Prozent, Dirk Roßmann mit 19,76 Prozent, Gregor Baum mit 16,11 Prozent und Matthias Wilkening mit 11,4 Prozent.

Die Hannover 96 S&S hält 100 Prozent an der Hannover Arena GmbH & Co. KG, die die Spieltagsorganisation der HDI-Arena und die ganzjährige Betreuung durchführt (Geschäftsführer: Martin Kind, Martin Bader, Björn Bremer [seit April 2016] – Vorsitzender Beirat: Heinrich Jagau. Beirat: Gregor Baum, Marc Hansmann [Landeshauptstadt Hannover]).

Die Wahl der Rechtsform einer KGaA für die Profiabteilung war zunächst erforderlich, um die Auflagen des DFB und der DFL wegen der 50+1 Regelung nach § 16c Abs. 2 der Satzung der Deutschen Fußball-Liga (DFL) erfüllen zu können, da die Stimmenmehrheit bei Kapitalgesellschaften beim Verein, hier bei der Komplementärin, also der Management GmbH, bleiben musste. Tatsächlich gilt diese Regelung juristisch aber einzig für die Familie Kind[33].

Die beschriebenen Verhältnisse bei Hannover 96 waren bereits vor dem von Martin Kind durch Entscheidung des DFB-Schiedsgerichts vom 30. August 2011 erreichten Kompromisses zur 50+1-Regelung ein Sonderfall. Da die Komplementärin, also die Management GmbH als Vertreterin des e.V., bei dem ja Martin Kind ebenfalls Präsident ist, gleichzeitig den Geschäftsführer der KGaA bestimmt (hier auch Martin Kind), wurde zwangsläufig die Entscheidungsgewalt über die Stimmenmehrheit an die Geschäftsführung, also Martin Kind, abgetreten. Kein anderer Verein, der seine Fußballabteilung in eine KGaA oder AG ausgegliedert hat, verfügt über eine solche Konstellation mit der Beteiligung einer Kommanditgesellschaft als Investorenmodell.

---

[33] Quelle: HAZ #106– Artikel: "Unmut über 96-Präsident Martin Kind: Drei Gesellschafter steigen aus". Kasten: "Alleinige Macht für Kind ab 2018" vom 7. Mai 2016.

Tabelle 8: Struktur ausgewählter Vereine der 1. und 2. Bundesliga

Kapitalgesellschaft	Stimmenverteilung	Kapitalanleger	Liga (2015/16)
1. FC Köln GmbH & Co. KGaA	100 % 1. FC Köln 01/07 e. V.		Bundesliga
Borussia Dortmund GmbH & Co. KGaA	100 % BVB 09 e. V. Dortmund (über die Borussia Dortmund Geschäftsführungs-GmbH)	ca. 49 % Streubesitz ca. 20 % Bernd Geske 14,78 % Evonik Industries AG 5,53 % BVB 09 e. V. Dortmund 5,43 % Signal Iduna 5,00 % Puma SE	Bundesliga
DSC Arminia Bielefeld GmbH & Co. KGaA	100 % DSC Arminia Bielefeld e. V.		2. Bundesliga
Eintracht Braunschweig GmbH & Co. KGaA	100 % Braunschweiger TSV Eintracht von 1895 e. V.		2. Bundesliga
Eintracht Frankfurt Fußball AG	63,4 % Eintracht Frankfurt e. V. 28,6 % Freunde der Eintracht Frankfurt AG (Bankhaus 4,4 % BHF-Bank 3,6 % Wolfgang Steubing AG		Bundesliga
FC Augsburg 1907 GmbH & Co KGaA	100 % FC Augsburg 1907 e. V.		Bundesliga
FC Bayern München AG	75,01 % FC Bayern München e. V. 8,33 % Adidas AG 8,33 % Audi AG 8,33 % Allianz SE		Bundesliga
FC Würzburger Kickers AG	100 % FC Würzburger Kickers e. V.		3. Liga
Hannover 96 GmbH & Co. KGaA	100 % Hannoverscher SV von 1896 e. V. (über die Hannover 96 Management GmbH) bis 7. Juli 2018	100 % Hannover 96 Sales & Service GmbH & Co. KG (52,73 % Martin Kind, 19,76 % Dirk Roßmann, 16,11 % Gregor Baum, 11,4 % Matthias Wilkening)	Bundesliga
Hertha BSC GmbH & Co KGaA	100 % Hertha BSC e. V. (über die Hertha BSC Verwaltung GmbH)	90,3 % Hertha BSC e. V. 9,7 % KKR & Co. L.P.	Bundesliga
HSV Fußball AG	85,25 % Hamburger SV e. V. 11,00 % Klaus-Michael Kühne 1,50 % Helmut Bohnhorst 1,50 % Familie Burmeister 0,75 % Alexander Margaritoff		Bundesliga
MSV Duisburg GmbH & Co. KGaA	100 % Meidericher SV 02 e. V. Duisburg (über die MSV Duisburg Verwaltungsgesellschaft mbH)	94,9 % Meidericher SV 02 e. V. Duisburg 5,1 % Capelli New York Limited	2. Bundesliga
SpVgg Greuther Fürth GmbH & Co. KGaA	100 % SpVgg Greuther Fürth e. V.		2. Bundesliga
SSV Jahn 2000 Regensburg GmbH & Co. KGaA	100 % SSV Jahn 2000 Regensburg e. V.		Regionalliga Bayern
TSV München von 1860 GmbH & Co. KGaA	100 % TSV München von 1860 e. V. (über die TSV München von 1860 Geschäftsführungs-GmbH)	60 % HAM International Limited 40 % TSV München von 1860 e. V.	2. Bundesliga
VfL Osnabrück GmbH und Co. KGaA	100 % VfL von 1899 e. V.		3. Liga
Werder Bremen GmbH & Co. KGaA	100 % SV "Werder" von 1899 e. V.		Bundesliga

Unternehmer

Im September 2016 veranstaltet Hannover 96 ein „Unternehmerfrühstück“. Mit dieser Aktion will sich der Verein einen Eintrag im Guinness-Buch der Rekorde sichern und sich gleichzeitig als Unternehmerklub präsentieren.

Wie wurde aber Hannover 96 zum Unternehmerklub? Es begann im September 1997. Hannover 96 erfüllte den Tatbestand der Insolvenz. Auf der Jahreshauptversammlung wurde der damalige Präsident Utz Claasen mit Schimpf und Schande in die Wüste geschickt. Der Verein war mit zehn Millionen Mark verschuldet und spielte in der Regionalliga.
Deshalb suchte man einen "*Doofen*", wie Martin Kind es ausdrückte, der die Verantwortung übernehmen sollte. Und so wurde auf der Hauptversammlung im September 1997 der Unternehmer Martin Kind zum Präsidenten von Hannover 96 e.V. gewählt.

> *"96 ist ein Scheißverein gewesen, der in über 100 Jahren nichts geschafft hat", sagte Martin Kind in einem öffentlichen Gesprächskreis im April 2013.*[34]

Markige Worte, aber ein Leitsatz bestimmt Kinds Handeln: *"Fußballklubs auf diesem Niveau (Anm.: 1. Bundesliga) sind Wirtschaftsunternehmen und müssen auch so geführt werden."*[34]

Und auch das kam von Martin Kind, Visionen:

> *"Ich habe diese Vision entwickelt, dass man für diese Stadt, für diese Region mit Fußball etwas aufbauen kann. Und das Produkt, um dorthin zu kommen, ist 96. Ich wollte beweisen, dass man mit Struktur etwas hinbekommt. Das Produkt muss gut sein, wettbewerbsfähig und Perspektiven bieten."*[34]

Aber warum ist es dem Unternehmer Kind nicht gelungen, diese Visionen umzusetzen? Warum ist das nicht gemeinsam mit den weiteren Unternehmern, die mit ins Boot stiegen, gelungen? Was also können Unternehmer im Fußballgeschäft leisten?
Alle diese Fragen ergeben sich zwangsläufig, wenn man die weitere Historie ab 1997 betrachtet. Am 8. Juli 1998 wurde Hannover 96 endgültig zu einem Unternehmerklub. Dieses Datum markiert den Beginn der Haltefrist, nach der die 20-Jahre-Frist als Ausnahmeregelung der 50+1-Regelung beginnt.

---

[34] Quelle: The Wall Street Journal: "Investoren übernehmen 2018 die Macht bei Hannover 96" vom 26. April 2013.

An diesem Tag wurde die Hannover 96 Sales & Services GmbH & Co. KG als Sanierungsgesellschaft für den hochverschuldeten e.V. gegründet, in die die Investoren einzahlten. Diese GmbH & Co. KG übernahm am 20. Dezember 1999 als alleinige Kommanditistin 84,34 Prozent der Anteile an der Hannover 96 GmbH & Co. KGaA, in der mit diesem Datum die Profifußballabteilung ausgegliedert wurde, 2014 dann die restlichen 15,66 Prozent für ca. 3,5 Mio. Euro vom e.V. Das Gesellschaftskapital der S&S beträgt 25,3 Mio. Euro.

Diese Investoren-Mannschaft bestand nach einigen Anteilswechseln bis zum 5. Mai 2016 aus den Unternehmern Martin Kind (KIND-Hörgeräte GmbH & Co. KG), gehalten durch die Beteiligungsgesellschaft Mariccam, Detlef Meyer (institutioneller Investor, verkaufte 2004 die von ihm gegründeten Modefirmen Street One und Cecil - CBR Fashion Holding), gehalten durch die Beteiligungsgesellschaft Tocos[35], Dirk Roßmann (Rossmann GmbH), gehalten von der Rossmann-Beteiligungsgesellschaft, Michael Schiemann (Ex-Aufsichtsratsvorsitzender der Gilde Brauerei, Hannover und Großaktionär bei Borussia Dortmund), gehalten über die Vermögensverwaltung Augendum[36], Gregor Baum (Baum-Unternehmensgruppe, Baum-Holding - Masterfranchise Burger King - ca. 46 Standorte, Hotels Courtyard - 2 Standorte, Immobilien, u.a. Hannover 96 Sport- und Business-Park, Galopprennsport). Hinzu kamen noch die Verlagsgesellschaft Madsack GmbH & Co. KG und der Klinikunternehmer Mathias Wilkening.
Mit Wirkung vom 6. Mai 2016 übernahm Martin Kind die Anteile von 25,69 Prozent von Detlef Meyer. Somit hält Kind nunmehr 52,73 Prozent an der Hannover 96 S&S. Damit hat Kind die absolute Macht in der Gesellschaft.

> *"Die neuen Mehrheitsverhältnisse erleichtern schnelle Entscheidungen und ermöglichen schlankere, effiziente Prozesse. Damit haben wir auf der Gesellschafterseite alle Weichen für das Projekt Wiederaufstieg gestellt",*

so Kind zu der Anteilsübernahme.[37]
Danach haben die drei Gesellschafter Schiemann, Baum und Wilkening Martin Kind ihre Anteile ebenfalls zum Kauf angeboten. Denn sie waren darüber verstimmt, dass der Klubchef die Anteile von Meyer übernommen hat.

---

35 Übernahm zum Jahreswechsel 2014/15 74 Prozent der Anteile an der Hawesko Holding AG, Hamburg, u.a. von Alexander Margaritoff, der auch 0,75 Prozent an der HSV AG hält.

36 Hält über die Vermögensverwaltung Augendum 5 Prozent an der Hawesko Holding AG, Hamburg.

37 Quelle: Neue Presse: "Hannover 96: Mehr Macht für Kind" vom 5. Mai 2016.

"Es widerstrebt mir, wenn ein Einzelner mehr als 50 Prozent hält",

sagte dazu Schiemann.[38]

Nach Angaben der HAZ erklärte sich Dirk Roßmann, jetzt mit 19,76 Prozent zweitgrößter Anteilseigner am Unternehmen, bereit, ggf. die Anteile zu übernehmen.

"Die drei müssen versuchen, dass sie ihre Anteile loswerden; und das kann dauern. Ich jedenfalls verspüre überhaupt keinen Druck"[38],

so Kind weiter zu der seinerzeitigen Situation. Wer also könnte da einsteigen?

"Wir denken nicht im Traum ans Verkaufen",

das verlautbarte Dirk Roßmann am 26. April 2013[39].[40]

Wie schnell sich doch die Zeiten ändern. Auf die Frage, was passieren würde, wenn er die Lust an dem Investment bei 96 verliere, ob er seine Anteile an einen Investor, der nicht aus der Region komme, verkaufen würde, antwortete Roßmann:

"Da brauchen Sie nicht allzu viele Befürchtungen zu haben. Detlev Meyer ist eine sehr integere Persönlichkeit, Martin Kind ist über jeden Zweifel erhaben und ich selbst weiß auch mit Verantwortung umzugehen. [...] Bei denen weiß ich auch, dass sie nicht im Traum daran denken, in absehbarer Zeit irgendwas verkaufen zu wollen. [...]"

Detlef Meyer ist als einer dieser drei zuerst von Bord gegangen. Wie wird die Entwicklung weitergehen? Welche Bedeutung haben die Worte "*Wir denken nicht im Traum ans Verkaufen*"?
Am 7. Juli 2016 wurde gemeldet, dass die Investoren Michael Schiemann und die Verlagsgesellschaft Madsack ihre Anteile verkauft hätten, und zwar zu gleichen Teilen an die Mitgesellschafter Baum und Wilkening.[41] Schiemann ist damit konsequent geblieben und hat seinen Worten Taten folgen lassen. Die beiden anderen Investoren Baum und Wilkening, die ja angekündigt hatten, ihre Anteile an Kind zu verkaufen, haben sich offenbar an-

---

38 Quelle: HAZ #107: "Ich verspüre überhaupt keinen Druck" vom 9. Mai 2016.

39 vgl. Abschnitt "Ein Alptraum – 'Heuschrecken auf dem Rasen'", Seite 171ff

40 Quelle: The Wall Street Journal: "H96-Investor Dirk Roßmann: 'Wir denken nicht im Traum ans Verkaufen'" vom 26. April 2013.

41 Quelle HAZ #157 "Hannover 96 gehört nun einem Investoren-Quartett" vom 7. Juli 2016

ders besonnen. Dieser „Sinneswandel“ wird begründet mit dem Bemühen, eine Drei-Viertel-Mehrheit durch Kind und Roßmann zu verhindern. Bemerkenswert hingegen ist aber auch der Ausstieg der Madsack-Gruppe. Seit 2002, also mit dem Bundesligaaufstieg von 96, hielt Madsack 2,77 Prozent der Anteile an der Hannover 96 S&S. Nach 14 Jahren, mit dem Abstieg, werden diese Anteile veräußert. Was war der Zweck dieser Investition?[42] Angeblich gab es eine Zweckbindung für den Stadionneubau zur Fußballweltmeisterschaft 2006. Aber auch das ist schon zehn Jahre her. Weshalb also im Juli 2016 der Ausstieg?

Alle verbliebenen Investoren sind sehr erfolgreiche Unternehmer, die äußerst erfolgreiche Geschäftsmodelle umsetzen. Das sollte die besten Voraussetzungen bieten, um auch ein Profifußballunternehmen erfolgreich aufzustellen.

Kontrolle

Investoren erwarten, dass ihr eingesetztes Kapital auch Rendite abwirft. Gilt das für die Investoren von Hannover 96 auch?
Der renommierte englische Sportwissenschaftler Stefan Szymanski sagt dazu:

> *"Ich befürworte die Freiheit von Kapitalisten, ein Vermögen durch die Investition in einen Fußballclub zu verlieren."*[43]

So sieht es offensichtlich auch Dirk Roßmann. In einem Interview mit dem Wall Street Journal vom 26. April 2013 erklärte er u.a.: *"[...] im Notfall kann ich die fünf Millionen Investment auch abschreiben [...]."*[44, 45]

Um zu kontrollieren, was mit dem eingesetzten Kapital geschieht, wie es die eingesetzten Geschäftsführungen verwenden, müssen entweder schon von Gesetzeswegen oder auch auf freiwilliger Basis Kontrollgremien installiert sein, wie etwa ein Aufsichtsrat.
Der Aufsichtsrat ist bei Kapitalgesellschaften und Organisationen ein Kontrollgremium. Die Einrichtung eines Aufsichtsrates ist teilweise gesetzlich

---

[42] vgl. Abschnitt: "Die Medien: Der Madsack-Verlag als (ehemaliger) Gesellschafter, Seite 59ff

[43] Quelle: WirtschaftsWoche: "Der Fußball würde von einer Öffnung für Investoren profitieren" vom 14.08.2015.

[44] Quelle: jp4sport.biz/archiv/5355: "H96-Investor Dirk Roßman: 'Wir denken nicht im Traum ans Verkaufen'" vom 26. April 2013.

[45] Begriffserklärung: Abschreibung = Betriebsausgaben – mindert die Steuerlast.

vorgeschrieben, teilweise per Satzung oder Gesellschaftervertrag vereinbart.[46]

Ob es sich bei den Investoren bei 96, die den Aufsichtsrat bilden, tatsächlich auch um ein echtes Kontrollgremium handelt, ist weitestgehend unklar.

Über die Gesellschafterstruktur bei 96 schrieb u.a. TAZ.de am 27.04.2015:

> *"Gute Geschäftsfreunde*
> *Interessant ist auch, wer genau sich hinter der Hannover 96 Sales & Service GmbH & Co. KG verbirgt. Neben Kind (mit 27,04 Prozent beteiligt) sind Detlev Meyer (25,69 -), Dirk Roßmann (19,76), Michael Schiemann (12,45) Gregor Baum (8,5), Matthias Wilkening (3,79) und die Verlagsgesellschaft Madsack (2,77) – [Stand vor dem 7. Juli 2016] in der S&S vertreten. [...] Von Gregor Baum und seiner gleichnamigen Immobiliengruppe ist bekannt, dass sie mit Hannover 96 im Jahr 2005 schon mal ein Geschäft abgeschlossen hat. Damals war sie für den Bau des Sport- und Business-Parks mit einem Investitionsvolumen von 7 Millionen Euro zuständig.*
> *Die Verbindungen von Gregor Baum in der vergleichsweise kleinen Hannoveraner Geschäftswelt sind vielfältig. So vermietet er etwa Räume an das Architekturbüro Schulze & Partner, dessen Hauptauftraggeber er auch für Planungsleistungen ist. Schulze & Partner haben wiederum jüngst einen großen Auftrag erhalten, bei dem sie sich gegen sehr renommierte Konkurrenten durchsetzten. Sie haben das neue Vereins- und Sportzentrum von Hannover 96 in der Stammestraße geplant." [...]*[47]

Ebenso haben Schulze & Partner auch das neue Nachwuchsleistungszentrum (NLZ) auf dem Gelände des Eilenriedestadions geplant, das 2017 fertig sein soll.[48]
Das Investitionsvolumen für beide Bauten zusammen beträgt mehr als 25 Millionen Euro. Genaue Zahlen sind allerdings noch nicht bekannt.
Wer hat entschieden, an wen die Aufträge vergeben werden? Etwa Gregor Baum als Mitglied des Kontrollgremiums? Stand das Ergebnis der Ausschreibungen für das Breitensportzentrum und das NLZ schon vor dem eigentlichen Wettbewerb fest? Falls ja, warum hat man dann überhaupt einen Wettbewerb ausgeschrieben?

---

46 Quelle: wikipedia.de –Stichwort: Aufsichtsrat.

47 Quelle: http://spa-architektur.de/?id=1377

48 Quelle: http://spa-architektur.de/?id=1289

Über die Investoren der Hannover 96 S&S schrieb u.a. das Wall Street Journal am 26. April 2013:

> *"Viele der Beteiligten kennen sich nicht nur über den Fußball. Man begegnet sich auch auf Grillfesten und Society-Events, zu denen etwa in der Vergangenheit der ehemalige Chef des vormaligen Finanzdienstleisters AWD, Carsten Maschmeyer, regelmäßig eingeladen hat."*[49]

Vielfach wurden diese Verbindungen als die "*Hannover-Connection*" oder "*Maschsee-Connection*" bezeichnet. Robert von Lucius schrieb in seinem FAZ-Artikel vom 11. August 2010:

> *"In Erbfreundschaften geht es um das Genießen von Glanz, Aufmerksamkeit und Prominenz, aber immer auch um Zweckgemeinschaften. Diese beiden Kreise, der gesellschaftliche und der geschäftliche, überschneiden sich in der niedersächsischen Landeshauptstadt auffallend häufig."*[50]

Im Zusammenhang mit den "*Erbfreundschaften*" werden neben den ehemaligen Politgrößen Gerhard Schröder und Christian Wulff vor allem folgende Namen genannt:

> *Carsten Maschmeyer (Gründer des Finanzdienstleisters AWD), Veronica Ferres (Schauspielerin), Götz von Fromberg (Rechtsanwalt), Klaus Meine (Rockgruppe Scorpions), Martin Kind (Vorstandschef von Hannover 96 und Hörgerätehersteller), Michael Frenzel (TUI-Vorstandsvorsitzender), Gregor Baum (Baum-Unternehmensgruppe + Investor Hannover 96 S&S).*[50]

Die Konstellation und die wirklichen Interessen der Investoren bei Hannover 96 lassen daher durchaus Platz für Spekulationen. Was erwarten die Investoren von 96 für ihr eingesetztes Kapital? Wer kontrolliert wirklich, was mit dem Kapital passiert? Warum lässt man zu, dass hier sehenden Auges ein sportlicher Super-GAU produziert wird?

---

[49] Quelle: The Wallstreet Journal: "Investoren übernehmen 2018 die Macht bei Hannover 96" vom 26. April 2013.

[50] Quelle: Frankfurter Allgemeine Zeitung: "Die Erbfreundschaften von Hannover" vom 11. August 2010.

Die Marke

Reputation

Ein elementarer Bestandteil der Markenbildung ist die Reputation. Reputation (lat. reputatio "Erwägung", "Berechnung") bezeichnet in der Grundbedeutung den Ruf (veraltet: den Leumund) eines Menschen, einer Gruppe oder einer Organisation. Eine hohe Reputation wird gleichgesetzt mit einem guten Ruf bzw. mit einem hohen Ansehen.[51]
Aus Sicht von Unternehmen ist die Reputation ein Extrakt verschiedener individueller Erfahrungen, Anforderungen und kognitiver Einstellungen, die es Menschen ermöglicht, das zukünftige Verhalten eines Unternehmens und dessen Auswirkung auf ihre Bedürfnisse zu antizipieren. Eine positive Reputation wird charakterisiert durch vier Dimensionen: Glaubwürdigkeit, Zuverlässigkeit, Vertrauenswürdigkeit und Verantwortung.
Das trifft auch auf ein Profifußballunternehmen zu. Die Reputation eines Fußballunternehmens bestimmt ganz entscheidend die öffentliche Wahrnehmung, die der eigenen Anhänger, aber noch mehr die der unabhängigen Betrachter. Unmittelbar damit verbunden ist auch der Wert der Marke, denn bei Unternehmen zählt Reputation zum immateriellen Vermögen und ist Bestandteil des Firmenwertes. Und damit verbunden ist auch die wirtschaftliche Bedeutung aus Sicht der Sponsoren und Werbetreibenden, die ja zu einer ganz wesentlichen Finanzquelle eines Profifußballunternehmens zählen.
Hannover 96 hinterlässt in den Bereichen Glaubwürdigkeit, Zuverlässigkeit, Vertrauenswürdigkeit und Verantwortung keinen positiven Gesamteindruck, wie die nachfolgenden Beispiele aufzeigen werden.

Die Wahrnehmung: Hannover als graue Maus

Während der Zeit in der deutschen Elite-Liga war der Klub sicherlich immer die graue Maus, die auch bei einem Abstieg kaum jemand vermissen würde. So schrieb der "Tagesspiegel" am 8. April 2016 zum Abschied von 96 aus der Bundesliga:

> *"Wer war Hannover 96 – Hannover 96 verabschiedet sich aus der Bundesliga – und hinterlässt bei vielen nur ein Schulterzucken. [...]"*[52]

---

[51] Quelle: wikipedia.de

[52] Quelle: Tagespiegel: "Wer war Hannover 96" vom 8. April 2016.

Und die Bundesliga-Plattform bundesligafanatic.com formulierte vor der Saison 2014-2015[53]:

> *"Ever since the club's promotion to the top tier of German football back in 2002, Hannover has enjoyed a life of spectacular mediocrity. Despite some years in which the club shortly flirted with relegation or, more recently, two pretty successful stints in the Europa League, Hannover is the stereotypical 'Graue Maus' ('grey mouse'), a kind of boring and uneventful team."*[54]

Ein weiteres Beispiel:

> *"Bundesliga-Vorschau 2015/16: Hannover 96 – Graue Maus bleibt graue Maus"*[55]

Und auch auf der internationalen Ebene wurde der Begriff von der "grauen Maus" übernommen:

"'Der seltsamste Fußballklub' und die *'graue Maus'"*, so titelte am 13. Februar 2013 die Московская Немецкая Газета[56] anlässlich der Ankündigung des Europa-League-Spiels Anschi Machatschkala gegen Hannover 96.
Als graue Maus wird ein unauffälliger Mensch meist weiblichen Geschlechts bezeichnet. Weiteres Merkmal ist die Bescheidenheit, die allerdings auch vorgeschützt sein kann. Eine graue Maus (Tarnkappen-Effekt) bleibe zwar unauffällig und meist außer Gefahr, könne aber auch nicht positiv hervortreten[57].
Führt ein solches, über Jahre gepflegtes Image in seiner Außenwirkung auch dazu, dass die Protagonisten, die sportlich und ökonomisch erfolgsorientiert handeln sollen, selbst nur als graue Mäuse auftreten? Kann man mit einem solchen Image die für den Erfolg benötigten personellen Ressourcen gewinnen? Und kann ein solches Image Hoffnung vermitteln – oder ist man mit einem solchen Image bereits von vornherein abgestiegen?

---

53 bundesligafanatic.com/season-preview-2014-2015-hannover-96/ vom 22. August 2014

54 "Seit der Rückkehr des Clubs in die 1. Bundesliga im Jahr 2002 hat Hannover Spielzeiten von spektakulärer Mittelmäßigkeit genossen. Trotz einiger Jahre, in denen der Verein auch mit Relegation und Abstieg geflirtet hat oder auch zwei recht erfolgreiche Auftritte in der Europa League hatte, ist Hannover die stereotype 'graue Maus' , eine Art von langweiligen und ereignislosem Team."

55 eurosport.de vom 30.07.2015

56 Moskauer Deutsche Zeitung

57 Wikipedia.de – Stichwort "Graue Maus"

Guter Ruf fängt klein an

Ein guter Ruf aus Sicht der Unternehmensreputation steht auf jeder Ebene im Vordergrund. Wichtig dabei: Reputation ist mehr als Kommunikation. Sie zielt letztlich auf ein langfristig berechenbares Verhalten des Unternehmens auf allen Ebenen.

Eine Unternehmensebene für die Reputation im Bereich des Profifußballs bildet sicherlich die Nachwuchsförderung und -ausbildung. Die Qualität der Nachwuchsförderung und Nachwuchsausbildung ist nicht nur ein wesentlicher Faktor für das sportliche und ökonomische Potenzial eines Profiklubs, sie ist zugleich auch Gradmesser für die Sichtbarkeit und Reputation des Gesamtfußballunternehmens.

Welchen Ruf hat Hannover 96, u.a. in der Reputationsdimension Nachwuchsarbeit?

Das Nachwuchsleistungszentrum (NLZ) von Hannover 96 liefert immer wieder Beispiele, wie man den guten Ruf bereits im Kleinen ruinieren und damit auch erhebliche negative Wirkung bei der großen Marke erzielen kann. So drohte die komplette Jugendmannschaft der U 14 im Februar 2014 den Verein zu verlassen. Der Vorwurf, den die Eltern der Spieler in einem Brief an Martin Kind formulierten, war, dass es der Nachwuchsabteilung an einem Konzept für die Zukunft und dem Willen, die bestehenden Strukturen zu ändern, fehle. In der Kritik stand insbesondere der bis 4. Juli 2016 verantwortliche administrative Leiter des NLZ, Jens Rehhagel.[58]

Dieses Beispiel zeigt bereits, welches sportliche Potenzial in Hannover brach liegt, denn gerade der Nachwuchs ab der U14 bietet ja die besten Lern- und Entwicklungsmöglichkeiten und ist somit auch eine Zukunftsoption für den Profibereich.

Einen weiteren Schlag erhielt der Ruf des NLZ im Februar 2015. Ein Nachwuchstrainer von Hannover 96 hatte mit dem Handy verhöhnende Bilder von einigen Jugendspielern des FC Bayern München, die er in einer Unterkunft während eines Jugendturniers aufgenommen hatte, an die Eltern seiner Spieler verschickt. Wieder standen Jens Rehhagel und auch der sportliche Leiter des NLZ, Michaty, massiv in der Kritik.[59]

Am 09.02.2016 berichtete u.a. die HAZ unter der Überschrift *"96-Junioren planten Raub in Spielhalle"* von dramatischen Ereignissen:

> *"Drei Fußballer aus dem Nachwuchsleistungszentrum von Hannover 96 haben gestanden, einen Überfall auf eine Spielhalle geplant zu haben –*

---

[58] HAZ: "Was ist hier los?" vom 28. Februar 2016.

[59] HAZ: "96-Nachwuchstrainer droht Abmahnung" vom 24. Februar 2015.

mit Sturmmaske und Gaspistole. Kurz vor der Tat haben die 18- und 19-jährigen sich dann eines Besseren besinnt. Weil sie aber an ihrem Fluchtfahrzeug die Kennzeichen ausgetauscht und es später im Halteverbot geparkt hatten, sind sie aufgeflogen. [...]"[60]

Ist der gute Ruf erst ruiniert, lebt es sich ganz ungeniert?
Und so setzte dann BILD Hannover am 13.02.2016 noch richtig einen drauf und titelte:

"Sex-NÄCHTE, Spielsucht und Mobbing
Nach dem geplanten Raubüberfall kommt raus – so wild geht es in Hannovers Talentschuppen zu."

Hannover 96 nahm zu den Vorkommnissen und der Berichterstattung am 14.02.2016 wie folgt Stellung:

"Hannover 96 bezieht im Folgenden Stellungnahme im Bezug auf die Berichterstattung zu Vorkommnissen im Nachwuchsleistungszentrum (NLZ).
Die BILD behauptet in ihrer Ausgabe von Sonnabend, dem 13. Februar 2016 unter der Überschrift: 'Sex-Nächte, Spielsucht und Mobbing' sowohl im Lokalteil Hannover als auch in der Bundesausgabe unter den Stichworten Spielsucht, Sex-Nächte, Mobbing, Gewalt, Trikotklau und Scouting-Schwachsinn unter anderem, der Talenteschuppen der Roten sei ein Saustall.
Hannover 96 bezieht hierzu in Person der Verantwortlichen der Geschäftsführung und des Nachwuchsleistungszentrums wie folgt Stellung:
Der gesamte Bericht erweckt den Anschein, dass es sich ausschließlich um aktuelle Geschehnisse rund um den Nachwuchsbereich von Hannover 96 handelt. Das ist schlichtweg falsch. Dem Klub sind die Vorfälle im Bezug auf die meisten geschilderten Vorkommnisse bekannt. Allerdings resultieren diese überwiegend aus der Saison 2013/14, wurden bereits aufgearbeitet und teilweise sanktioniert. Einige damals handelnde Personen stehen bereits nicht mehr im Angestelltenverhältnis zu Hannover 96. Auch haben Spieler, die damals angeblich 'gemobbt' wurden, aktuell die Möglichkeit nach einer Rückkehr zu Hannover 96 angefragt.

---

60 Quelle: HAZ #33 vom 9. Februar 2016.

Dem Klub liegen keine Erkenntnisse über 'Damenbesuch' sowie eine angeblich größere Anzahl an Spielern mit Spielsucht vor. Hannover 96 wird sich aber noch intensiver mit dieser Thematik beschäftigen.
Wir möchten betonen, dass alle handelnden Personen im Rahmen der Möglichkeiten zielgerichtet und qualifiziert ihren Verpflichtungen nachgehen. Auf dieser Basis wird zudem eine Weiterentwicklung stattfinden.
Der Klub hat erkannt, dass er die infrastrukturellen Bedingungen ändern muss und investiert einen zweistelligen Millionenbetrag in ein hochfunktionelles Nachwuchsleistungszentrum, das mit fachkundigem Personal besetzt sein wird."

Schadensbegrenzung? Wohl kaum. Denn über sämtliche Ereignisse wurde nicht nur lokal berichtet, sondern auch überregional und insbesondere auch in den Online- und sozialen Medien.
Alles in allem ist so eine schlechte Reputation, die bereits im Kleinen beginnt, wenig dienlich für ein Unternehmen, dessen Investoren seriöse Geschäftsleute und Unternehmer sind. Aber es ist auch bezeichnend dafür, dass mit so einer Reputation letztlich der sportliche Abstieg und der Marktaustritt des Unternehmerklubs begleitet wird.

Reputation als Arbeitgebermarke

Hannover 96 sollte, so hatte es Martin Kind als Zielsetzung ausgegeben, zu einer nationalen Marke aufgebaut werden. Zunächst müsste 96 jedoch zu einer Arbeitgebermarke werden. In diesem Bereich müssen Profisportunternehmen künftig wesentlich agiler werden. Fußballvereine stehen untereinander national, aber auch international[61] in einem scharfen Wettbewerb um das beste sportliche Personal und müssen sich als attraktive Arbeitgeber darstellen und von anderen Wettbewerbern im Arbeitsmarkt positiv abheben.
Der Markt, in dem sich ein Profifußballunternehmen im Bereich des Personals für den Sportleistungskader, bei Nachwuchs und Talenten oder für die wirtschaftlichen und sportlichen Führungsaufgaben bewegt, ist sehr volatil, einem zunehmenden Tempo ausgesetzt und *open for competition*. Profifußball ist nicht nur ein sportlicher Wettbewerb, es geht auch um einen Benchmark-Wettkampf, also darum, im Vergleichsprozess die Besten zu erreichen, und es geht um eine ständige *competition for talents*.

---

[61] vgl. Abschnitt "View Into The Future", Seite 141ff

Die Reputation als Arbeitgebermarke wächst aus sich selbst heraus und entwickelt somit auch die Kriterien, die bei der Suche nach den besten Kräften entscheidend sind. Im Profifußball sind das:

Produktqualität	=	*sportliche Leistungsstärke, Ligazugehörigkeit, Qualität des Kaders, Qualität der Führungskräfte;*
Produktivität	=	*bisher erreichte sportliche Leistungen, Benchmark, künftig erreichbare sportliche und ökonomische Perspektiven;*
Innovation	=	*Entwicklung von sportlichen und wirtschaftlichen Zukunftskonzepten, Entwurf zur Gestaltung der Zukunft;*
soziale Verantwortung	=	*Nachwuchsförderung, Nachwuchsausbildung;*

Sportlich Verantwortliche versuchen oftmals, fehlende Reputation mit überdimensionierten Vergütungsangeboten zu kompensieren, um auf diese Weise doch noch die besten Talente rekrutieren zu können. Dieses Vorgehen führt regelmäßig zu Fehleinschätzungen der sportlichen Leistungsfähigkeit. Das gilt auch für Hannover 96, wobei für den Klub auch eine "*gefährliche Nähe*" zu einem ortsansässigen Spielerberater festzustellen ist[62]
Die nicht besonders hohe Reputation als Arbeitgeber im Vergleich mit den nationalen und internationalen Wettbewerbern war und ist ein entscheidender Part des schleichenden Abstiegsprozesses. Die Reputation hat bereits über eine längere Periode die Produktqualität nachhaltig negativ beeinflusst.

Zu einer Employer-Analyse der sportlichen Produktqualität zählt die Bestandsaufnahme: Was ist bereits in welcher Qualität an Potenzial vorhanden (Trainerteams, Spieler, Nachwuchs, Talente)? Dazu gehört auch eine Prognose: Wie wird sich das Potenzial aufgrund der durch Reputation und Image begründeten Einflüsse für die Zukunft weiterentwickeln lassen?
Ähnlich verhält es sich bei der ökonomischen Leistungsfähigkeit bzw. den Kräften, die diese dann aufgrund der Schaffung der sportlichen Voraussetzungen zu verantworten haben. Die besten Talente und Kräfte haben die Fähigkeit, Utopien zu entwerfen, und verfügen über die Möglichkeiten, einen Entwurf zur Gestaltung der Zukunft zu präsentieren.

---

62 vgl. Abschnitt: "Gut beraten mit Berater", Seite 122ff

Einer, der Hannover 96 sicherlich hätte weiterbringen können als die bisherigen Verantwortlichen in der sportlichen Leitung wäre Jan Schindelmeiser gewesen. Aber bereits bei der Suche des Nachfolgers für Schmadtke 2013 gab der ehemalige Hoffenheim-Manager 96 einen Korb. Und auch im September 2015, als der Nachfolger für Dufner gesucht wurde, lehnte Schindelmeiser ab.[63] [64]

Was braucht ein Arbeitgeber wie das Unternehmen Hannover 96, um die besten Kräfte zu bekommen und nicht nur immer 1B-Ware oder 2. Wahl? Welche Möglichkeiten hat Hannover 96 bei der *competition for talents*? Wie stellt sich die Reputation der Marke und des Unternehmens im Wettbewerb um die Talente dar? Ist dieser Wettbewerb vielleicht bereits verloren? Auf jeden Fall ist die Ausgangslage nicht besonders komfortabel.

Und wenn man die Reputations-Kriterien nicht erfüllt, so kommt es zu solchen Konstellationen:

> *"[...] Schaaf machte keinen Hehl daraus, dass 'unsere Position nicht die Beste ist'. Wer wechselt schon gern zum Schlusslicht? Auch Geschäftsführer Martin Bader beschrieb Kursänderungen im Winter als schwierig. Wir sind seit Oktober dran, wer neu kommt, muss etwas haben, was wir nicht haben. [...]"*[65]

> *"[...] Wir haben es z.B. bei Kießling und Jones versucht, dazu noch bei einigen anderen. Aber wenn es dann in die Verhandlungen geht und du auf dem Abstiegsplatz stehst, überlegen sich viele Spieler, ob sie sich der Herausforderung stellen wollen. [...]"*[66]

Das sagte der sportliche Leiter von Hannover 96, Christian Möckel, in einem Interview mit BILD Hannover auf die Frage, warum keine "Typen" in der Winterpause 2015/16 verpflichtet wurden.

Auch bei der Kaderplanung für die Zweitliga-Saison 2016/17 entschied sich der Stürmer Simon Terodde vom VfL Bochum, mit 25 Toren Torschützenkönig der 2. Liga 2015/16, gegen die Roten und ging stattdessen zum VfB Stuttgart. Und der Stürmer Pascal Testroet von Dynamo Dresden (18 Tore in der letzten Saison) sagte 96 ab und blieb lieber beim Zweitliga-Aufsteiger. Alles Qualität, die die Roten sicherlich weiterbringen könnte.

---

[63] Quelle: HAZ: "Schindelmeiser ist bei 96 aus dem Rennen" vom 4 September 2015.

[64] vgl. Abschnitt: "Reputation als Arbeitgebermarke", Seite 50ff

[65] Quelle: HAZ vom 31.01.2016

[66] Quelle: BILD-Hannover: "Haben Sie die falschen Spieler geholt, Herr Möckel?" vom 25.02.2016.

Auf einem umkämpften Markt mit nur einem begrenzten Kreis von Top-Kräften, sowohl bei den Führungskräften als auch beim sportlichen Leistungspersonal, ist es entscheidend, wie man als Arbeitgeber gesehen wird. Mit 1B- und 2. Wahl-Kräften lässt sich sowohl sportlich als auch wirtschaftlich keine Schlacht im Top-Segment und auf Premium-Level gewinnen. Im *War for Talents*[67] geht es immer nur um *Best Talents*.
Wo Hannover 96 im Wettbewerb steht, offenbarte Martin Kind in einem Interview mit der Zeitung Neue Presse vom 16. Mai 2016. Dort antwortete er auf die Frage, ob man keinen anderen Sportdirektor als Möckel hätte bekommen können:

> *"Es gab Gespräche mit verschiedenen Kandidaten. Einige haben von sich aus abgesagt. [...]"*[68]

Hat oder hatte Hannover 96 jemals 1A-Kräfte? Erfüllt Hannover 96 die Kriterien, um im *War for Talents* mithalten zu können?
Die Antwort ist ganz klar: NEIN. Bei Hannover 96 wirken aufgrund der Reputation der Marke allenfalls Erosionskräfte auf allen Ebenen – der Verein ist eben eine graue Maus mit Tarnkappeneffekt.

---

67 vgl. Abschnitt: "Reputation als Arbeitgebermarke", Seite 50ff

68 Quelle: Neue Presse: "Kind: 'Wir müssen direkt aufsteigen'" vom 16.05.2016.

Das Personalkarussell

Unter den etablierten Klubs der 1. Bundesliga-Saison 2015/16 gibt es keinen Verein, der in den letzten 14 Jahren einen solchen Personalaustausch, sowohl in der sportlichen Leitung als auch bei den Trainerstäben, vorgenommen hat wie Hannover 96.

Sportliche Leiter seit dem Bundesligaaufstieg:

Ricardo Moar, 2002–2004
Ilja Kaenzig, 2004–2006
Christian Hochstätter, 2006–2009
Jörg Schmadtke, 2009–2013
Dirk Dufner, 2013–2015
Martin Bader (Geschäftsführer Sport seit 10/2015)
Christian Möckel (Sportlicher Leiter seit 11/2015)

Die Trainer und -stäbe seit dem Aufstieg 2002 in die Bundesliga:

Ralf Rangnick, 1. Juli 2001 bis März 2004 (Co-Trainer: Mirko Slomka)
Ewald Lienen, März 2004 bis November 2005 (Co-Trainer: Michael Frontzeck)
Peter Neururer, 10. November 2005 bis 30. August 2006 (zweite Amtszeit) (Co-Trainer: Thomas Kristl, Michael Schjønberg)
Michael Schjønberg, 30. August bis 7. September 2006 (Interimstrainer)
Dieter Hecking, 7. September 2006 bis 19. August 2009 (Co-Trainer: Dirk Bremser)
Andreas Bergmann, 20. August 2009 bis 19. Januar 2010
Mirko Slomka, 19. Januar 2010 bis 27. Dezember 2013
Tayfun Korkut, 31. Dezember 2013 bis 20. April 2015
Michael Frontzeck, 20. April 2015 bis 21. Dezember 2015
Thomas Schaaf, 4. Januar 2016 bis 3. April 2016
Daniel Stendel, seit 3. April 2016

"Schon 15 Trainer (Anm.: Stand: 7. Juli 2016) in der gesamten Amtszeit unter Kind – und spricht es gegen ihn, dass mit Stendel nun der 15. Cheftrainer unter seiner Ägide auf der Bank sitzt und in Martin Bader der zehnte

Sportdirektor (Anm.: hier auch mitgezählt die Zeit vor dem BL-Aufstieg)? Kontinuität sieht sicher anders aus [...]."[69]

Kontinuität braucht Stabilität, Stabilität braucht Kontinuität! Hat Hannover 96 beides jemals erreicht?

Zwar hat Hannover 96 ab 2010 eine gewisse wirtschaftliche Stabilität erreicht. Aber wie oben aufgezeigt, konnte man über die Jahre keine personelle Stabilität auf den sportlichen Entscheidungsebenen und somit auch in der sportlichen Leistungsebene erreichen.
Zu den nicht erreichten sportlichen Stabilitätszielen zählen auch die personellen Entscheidungen, die über die Transfers abgewickelt wurden.[70] Wenn man sich allein nur ab dem Zeitpunkt des Aufstiegs die Personalien anschaut, die diesen wirtschaftlichen Prozess als sportliche Leiter begleiten, stabilisieren, ausbauen und in sportlichen Erfolg ummünzen sollten, so wird deutlich, dass vieles in die falsche Richtung lief und hier bereits der schleichende Prozess des Abstiegs einsetzte.[71] Nach 2009 gab es sogar noch weniger personelle Kontinuität, sicher auch ein Indiz für den beginnenden Abstiegsprozess.

---

[69] Quelle: Die Welt: "Bei Martin Kind geben die Trainer von allein auf" vom 29.12.2015.

[70] vgl. hierzu Abschnitt "Kennzahlen – Transferbilanz", Seite 32ff

[71] vgl. Abschnitt "2002 - 2009 - Die Lernjahre und Le(e)rjahre", Seite 11ff

Die Protagonisten während der Lern- und Lehrjahre

Eine Fehlinterpretation: Ricardo Moar, Juli 2002–Juli 2004

Wegen seiner erfolglosen Transfers und Streitigkeiten mit dem damaligen Trainer Ralf Rangnick löste 96 den Vertrag mit Ricardo Moar am 22. Juli 2004 auf. Als Abfindung erhielt Moar etwa 80 Prozent des Gehaltes, das er bis Mitte des Jahres 2005 erhalten hätte. Moar hatte in 2002 mit Fernando Sanchez Cipitria (ganze zwei Einsätze in der Bundesliga) und José Manuel Comenero (insgesamt 20 Minuten Einsatzzeit in der 1. Liga) von seinem vorherigen Arbeitgeber La Coruna und mit Stanko Svitlica von Legia Warschau (drei Bundesligaeinsätze) und Blaise Nkufo aus Mainz (als Stürmer neun Bundesligaeinsätze – kein Tor) absolute Flops gelandet. Aber auch Abel Xavier (fünf Bundesligaeinsätze) und Wladimir Butt (vier Bundesligaeinsätze) gehörten zu den Fehleinkäufen. Somit wurde zunächst einmal zu Beginn der neuen Bundesliga-Ära richtig Lehrgeld bezahlt.
Den größten Teil von Moars Aufgaben hatte zum Zeitpunkt seiner Ablösung bereits der neue Manager Ilja Kaenzig übernommen.

Eine Fehlentwicklung: Ilja Kaenzig, Juli 2004–November 2006

Kaenzig war Martin Kinds große Hoffnung. Als Protegé Reiner Calmunds wechselte er von Bayer Leverkusen an die Leine. Er sollte dem Unternehmen 96 professionelle Strukturen verpassen. Die Vorschusslorbeeren konnte das Managertalent nie einlösen: Kaenzig stand insbesondere wegen seiner Transferpolitik in der Kritik. Über den Transfer von Per Mertesacker etwa waren sich Kind und Kaenzig uneins. Während Kind den Wechsel befürwortete, versuchte Kaenzig den Prozess zu verzögern.
Folgerichtig wurde Kaenzig im September 2006 als Geschäftsführer der Hannover 96 GmbH & Co. KGaA abberufen. Zuvor hatte er sich mit beiden Trainern seiner Amtszeit, Ewald Lienen und Peter Neururer, überworfen. Nach der Entlassung von Trainer Neururer schieb die Süddeutsche Zeitung:

> *"Manager Ilja Kaenzig wird bei der weiteren Suche wohl keine Hauptrolle mehr spielen, er war schon in die Neururer-Entlassung nicht mehr eingebunden. Vermutlich wird Kaenzig das zweite Opfer des Neube-*

ginns, denn ihm werden gravierende Fehleinschätzungen in der Personalpolitik vorgehalten."[72]

Als Nachfolger von Kaenzig war der Schweizer Unternehmer René C. Jäggi, vormals Vertriebschef bei Adidas und von 2002–2005 Generalbevollmächtigter des 1. FC Kaiserslautern, vorgesehen. Daraus wurde aber nichts, obwohl eine Verpflichtung des Schweizers als sicher galt:

> *"[...] aufgrund anderer beruflicher Perspektiven habe ich die Entscheidung getroffen, ein Angebot von Hannover 96 nicht anzunehmen. [...] Zu diesem Entschluss bin ich gekommen, obwohl die Offerte und damit verbundene Funktion als alleiniger Geschäftsführer sehr reizvoll gewesen wäre."*[73]

Vielleicht hatte diese Entscheidung doch auch etwas mit der Reputation des Unternehmens 96 als Arbeitgebermarke zu tun?[74]
Kaenzig jedenfalls, als Kronprinz mit großen Erwartungen gestartet, konnte diese nicht erfüllen.

Eine Fehlbesetzung: Christan Hochstätter, Januar 2007–Januar 2009

Zusammen mit Dieter Hecking sollte Hochstätter Hannover 96 nun aber endlich nach vorne bringen. Aber mit dem schwachen sportlichen Abschneiden in der Spielzeit 2007/08 begann der schleichende Abschied Hochstätters. Hannover legte sich nach der guten Vorsaison, als die 96er Platz acht ergatterten, im Sommer auf dem Transfermarkt mächtig ins Zeug und ging mit dem bis dato teuersten und vermeintlich stärksten Kader in die neue Runde. Jan Schlaudraff, Mario Eggimann und Mikael Forssell waren die namhaftesten Sommer-Einkäufe. Doch dann sprangen aus 17 Vorrundenspielen nur 17 Punkte heraus – statt des anvisierten internationalen Geschäfts hieß der Auftrag jetzt Klassenerhalt.
Im Dezember 2008 hätte der Verein die Möglichkeit gehabt, eine Option zur Verlängerung des Vertrags von Hochstätter bis 2010 zu ziehen und ihm somit das Vertrauen auszusprechen. Diese Möglichkeit wurde nicht genutzt und das Vertrauensverhältnis schien danach mehr als angekratzt.

---

72 Quelle: Süddeutsche Zeitung: "Hannover trennt sich von Neururer" vom 31.08.2006.

73 Quelle: Spiegel-online: "Jäggi will nicht nach Hannover" vom 5. September 2006.

74 vgl. Abschnitt "Reputation als Arbeitgebermarke", Seite 50ff

"'Ich habe die Signale, die ich vom Klub erwartet hätte, nicht erhalten. Daher ist mein Entschluss nur konsequent. Ich wollte nicht abwarten, da ich jemand bin, der die Dinge gern selbst in die Hand nimmt', begründete Hochstätter, der den Job im Dezember 2006 angetreten hatte, seine Entscheidung: 'Es liegt jedoch nicht allein an der Option. Es gab insgesamt ein paar unterschiedliche Auffassungen.'"[75]

Im Januar 2009 wurde die Zusammenarbeit zwischen Hannover 96 und Hochstätter auf Wunsch Hochstätters beendet.

[75] Quelle: RP-online: "Muss Manager Hochstätter sofort gehen?" vom 9. Januar 2009.

Das öffentliche Umfeld

Die Medien: Der Madsack-Verlag als (ehemaliger) Gesellschafter

Auch das öffentliche Umfeld hat seinen Anteil am Abstieg von Hannover 96. So etwa die Medien des Minderheitsgesellschafters Madsack-Verlag. Die Tendenzberichterstattung dieser Medien führte dazu, dass die Krisenprozesse nicht rechtzeitig öffentlich kommuniziert, ja sogar tabuisiert wurden. Die wenigen kritischen Betrachtungen beschränkten sich im Wesentlichen auf die rein sportlichen Leistungen, kaum wurde sich analytisch mit den Hintergründen auseinandergesetzt (Beispiel: u.a. die uneingeschränkte Verehrung und vollkommen unkritische Beurteilung der Tätigkeit von Jörg Schmadtke[76]). Eine verantwortungsvolle journalistische und investigative Berichterstattung hätte sicherlich bereits frühzeitig Krisen und Fehlentwicklungen erkennen und vor allem auch eindeutig beschreiben können und mit dem nötigen journalistischen Nachdruck und entsprechender öffentlicher Aufmerksamkeit zu einer Krisenprävention führen können.
Von 2002 bis zum Juli 2016 war die Madsack-Verlagsgesellschaft mit 2,77 Prozent an der Hannover 96 Sales & Services GmbH & Co. KG (S&S) beteiligt. Das betrifft genau die 14 Jahre, die die Roten in der Bundesliga gespielt haben. Was war aber der Sinn dieser Beteiligung?

> *"[...] Zur Verlagsgesellschaft Madsack gehört die Hannoversche Allgemeine, von der einige Fans behaupten, sie berichte über 96 und Kind auffallend unkritisch [...]."*[77]

Es gibt einige Anzeichen, die diese Feststellung belegen können. Warum etwa hat die Madsack-Presse nicht einmal grundsätzlich darüber aufgeklärt, wie die Kapital- und insbesondere die Entscheidungsstrukturen im Investorenkreis aussehen?[78]
Am 30.05.2015 berichtete die Hannoversche Allgemeine Zeitung u.a. unter dem Titel "*Der Mann für die Lücke*" über Dirk Dufner und seinen Verbleib bei 96, obwohl allgemein damit gerechnet wurde, dass der Sportdirektor zum 30.06.2015 seinen Hut werde nehmen müssen. Die Entscheidung, dass Dufner seinen Posten behalten sollte, wurde offensichtlich gegen die Mehr-

---

[76] vgl. Abschnitt "Die Ära Schmadtke", Seite 103ff
[77] Quelle: TAZ: "Heimlich verscherbelt" vom 27.04.2015.
[78] vgl. Abschnitt "Unternehmen", Seite 37ff

heit der 96-Gesellschafter, zu denen ja auch die Madsack-Verlagsgesellschaft gehörte, getroffen.

> *"[...] Nach übereinstimmenden Informationen sollen die 96-Gesellschafter auf ihrer Sitzung am Mittwoch gegen den Verbleib von Dufner votiert haben. Äußern will sich dazu aber keiner. 'Die Gesellschafter werden dazu keinen Kommentar abgeben', ließ gestern Gregor Baum, einer von insgesamt sieben Gesellschaftern beim Bundesligisten, ausrichten. Interessanter ist in diesem Fall, was er nicht sagte, denn Baum verzichtete auf den in solchen Fällen üblichen Hinweis, die getroffene Entscheidung gutzuheißen."*[79]

Interessant wäre in diesem Zusammenhang gewesen, wie der Madsack-Verlag als Mitgesellschafter votiert hat. Zwar hatte Madsack keine Stimme im Aufsichtsrat[80], war aber als Gesellschafter sicherlich an den Entscheidungen der Gesellschafter, die dem Aufsichtsrat vorgelegt werden, beteiligt.

Aber die hannoversche Presse ließ es bei diesen allgemeinen Hinweisen bewenden. Es fehlten Erläuterungen dazu, welchen Einfluss die Gesellschafter (einschl. Madsack-Verlag) wirklich haben, Aufklärung darüber, was der Gesellschaftervertrag hierzu tatsächlich vereinbart, Hintergrundinformationen – Mangelware. Bestand oder besteht weiterhin ein Maulkorberlass gegenüber einer kritischen Berichterstattung über Hannover 96? Darf nur wohlwollend oder, wenn überhaupt, dezent kritisch berichtet werden?
Warum war der Verlag überhaupt Gesellschafter? Das war eine einmalige Konstellation für einen Profifußballklub in Deutschland. Welche Verantwortung übernimmt der Verlag als Gesellschafter für die wirtschaftlichen, strategischen und sportlichen Entscheidungen bei Hannover 96? Warum wirkt der Verlag nicht mit seinen Medien durch konstruktive Kritik und Berichterstattung darauf hin, dass Fehlentscheidungen verhindert, korrigiert oder zumindest reduziert werden können? Auch wenn man aufgrund der Minderheitenbeteiligung keinen direkten Einfluss auf Gesellschafterentscheidungen nehmen konnte, so besteht die Möglichkeit, die eigenen medialen Mittel zu nutzen, und zwar nicht meinungstendenziell, sondern mit dem erforderlichen unabhängigen journalistischen Nachdruck.
Man kann auch fragen, ob die Beteiligung des Verlags nicht gegen die Pflichten zur journalistischen Aufklärung durch Unabhängigkeit im Sinne des Pressekodex von 1973 sprach:

---

79 Quelle: HAZ #133 vom 30.05.2015.

80 Quelle: HAZ #157 "Hannover 96 gehört nun einem Investoren-Quartett" vom 7. Juli 2016.

Ziff. 6. Trennung von Tätigkeiten – Journalisten und Verleger üben keine Tätigkeiten aus, die die Glaubwürdigkeit der Presse in Frage stellen könnten.

Dass auch andere diese Einschätzung teilen, zeigt ein Beitrag aus der TAZ vom 22.03.2015:

"Um einen Klub, der – wenigstens noch – in der Bundesliga spielt, ging es in einem Fall, in dem der NDR kein gutes Bild abgibt: Der freie Mitarbeiter Oliver Weiße hatte am 8. März in einem Beitrag für ndr.de über einen Konflikt zwischen Fans von Hannover 96 und Martin Kind, dem autokratischen Präsidenten des Klubs, geschrieben. Dabei ließ er auch die Organisation Rote Kurve zu Wort kommen.
Es geht um die Rolle der Hannoverschen Allgemeinen Zeitung (HAZ), die nach Ansicht der Fanvertreter bei der Stabilisierung der Macht Kinds eine nicht zu vernachlässigende Rolle spielt – unter anderem, indem sie die Auseinandersetzung auf ein 'Ultra-Problem' reduziere. Weiße referiert die Position der Interessenvertreter folgendermaßen: 'Es gebe viel mehr Anhänger, die Kind und das Verhalten gegenüber den Fans kritisch sehen, sagt der Rote-Kurve-Sprecher. Die Berichterstattung darüber in der HAZ greife auch deshalb zu kurz. Man könne von Meinungsmache im Sinne des Präsidenten reden.'"[81]

Wie heißt es so schön? Eine Henne hackt der anderen kein Auge aus – setze hier Medienorganisation für Henne. Denn die bereits veröffentlichte Fassung des Beitrags von Oliver Weiße wurde kurz darauf vom NDR aus dem Netz genommen und durch eine stark gekürzte und geglättete Fassung ohne die medienkritischen Äußerungen gegenüber der HAZ und Madsack ersetzt. Ein Schelm, wer Böses dabei denkt. Beide Medien-Unternehmen sind Medienpartner von Hannover 96, Madsack im Printbereich und der NDR mit dem Hörfunk NDR 2 im Spieltags-Eventumfeld. Und so schließt sich der Kreis der "Freunde" von Hannover 96 im Medienbereich.
Erschwerend kommt hinzu, dass ein Teil der Mitgesellschafter der Hannover 96 S&S mit ihren Unternehmen sehr große Anzeigenkunden aller Medien der Madsack-Verlagsgesellschaft sind.

[81] Quelle: TAZ-online: "Angsthasen auf der Pressetribüne" vom 22.03.2015.

Und ist es ein Zufall, wenn Dirk Roßmann in einem Interview mit dem Wall Street Journal vom 26. April 2013[82] auf eine Frage nach dem Investoren-Modell bei Hannover 96 antwortete:

> *"[...] Da sind die HANNOVERSCHE ALLGEMEINE ZEITUNG, Detlev Meyer, Martin Kind und ich. [...]"*

Bezeichnend ist, dass Roßmann hier nicht die Madsack-Verlagsgesellschaft als Beteiligte nannte, sondern ausdrücklich die Hannoversche Allgemeine Zeitung als Presse-Medium.
– Freud'sche Fehlleistung oder Kalkül? Aber es zeigt doch schon, welche Erwartungen damit verbunden waren.
Dass der Madsack-Verlag ökonomische Ziele verfolgt und damit sein Engagement als Gesellschafter strategische Bedeutung hatte, zeigt auch die Agenda Madsack 2018. So wird der Aufbau einer Zentralredaktion unter dem Namen Redaktionsnetzwerk Deutschland GmbH bezeichnet. Michael Konken vom Deutschen Journalisten-Verband beurteilt das Vorhaben als ein "*Schlag gegen die Medienvielfalt*" und der Betriebsrat befürchtet tariffreie Zonen, Arbeitsplatzverluste und Abqualifizierung. Mit der ökonomischen Strategie des Verlages ist sicherlich auch die Investition bei Hannover 96 als rein wirtschaftliches Engagement zu verstehen gewesen, was durchaus auch zu meinungstendenziellen redaktionellen Arbeitsweisen führen kann, denn, wie der Deutsche Journalisten-Verband ja befürchtet, könnte es auch in den Sportredaktionen um Arbeitsplätze gehen.
Madsack war mit seiner wirtschaftlichen Beteiligung am Unternehmen Hannover 96 auch Teil des Projektes 2018, also der Komplettübernahme des Profifußballbereiches von Hannover 96 durch die Investoren. Die Beteiligung des Verlages an dem Fußballklub war daher keineswegs als soziales und kulturelles Engagement einzustufen, so wie es Heiko Rehberg, Sportchef der Hannoverschen Allgemeinen Zeitung erklärte.[83] Rehberg widerspricht sich nun selbst, indem er in seinem Artikel vom 7. Juli 2016 das Engagement Madsacks als zweckbestimmte Einlage für den Stadion-Bau zur Fußball-WM bezeichnete.[84]
Die besondere journalistische Verantwortung des Madsack-Verlages sollte allerdings darin liegen, die Fans über die Mikroökonomie des Profifußballs sachgerecht und ernsthaft zu informieren, umso Anfeindungen gegen Perso-

---

[82] Quelle: The Wall Street Journal: "H96-Investor Dirk Roßmann: 'Wir denken nicht im Traum ans Verkaufen'".

[83] s. E-Mail an die Autoren vom 6. April 2015.

[84] Quelle: HAZ #157 "Hannover 96 gehört nun einem Investoren-Quartett" vom 7. Juli 2016

nen wie Kind und Hopp, aber auch gegen Klubs wie RB Leipzig oder Leverkusen und Wolfsburg, die Ausdruck von Verunsicherung und Hilflosigkeit sind, vorzubeugen. Aber kann ein Verlag dieser Aufgabe gerecht werden, wenn er selbst Teil der Kommerzialisierung ist - oder war?

KAPITEL 2 – DIE ANALYSEN

Planlos geplant

Seit 2002 war Hannover 96 zurück in der 1. Bundesliga. Nun gilt für jeden Neuling auf allen Gebieten zunächst eine Schonfrist. So gebietet die political correctness eine 100-Tage-Schonfrist nach Antritt einer neuen Regierung.
Wir haben bei unserer Betrachtung der Situation von Hannover 96 einen viel größeren Zeitraum für die Einarbeitung in die 1. Liga, nämlich von der Spielzeit 2002/03 bis 2008/09, angesetzt. Es darf erwartet werden, dass in dieser Zeit Strukturen geschaffen, ökonomische Belange gestaltet und sportliche Etappen erreicht werden. Kurz gesagt: Genügend Zeit, um sich zu etablieren, aber auch, um die Zukunft in Angriff zu nehmen.
Nun heißt es allgemein, sportlicher Erfolg ließe sich nicht planen. Das ist so nicht richtig. Die großen globalen Player planen ihre sportlichen und auch wirtschaftlichen Erfolge generalstabsmäßig genau. Dass sich dabei der sportliche Erfolg nicht genau errechnen lässt, ist ja das Magische am Sport im Allgemeinen und am Fußball im Besonderen. Aber man kann die Rahmenbedingungen, die sportliche Erfolge begünstigen, strategisch setzen. Und dafür benötigt man zielorientierte Planung. Fehlt diese Planung, drohen etliche Gefahren – und der sportliche und wirtschaftliche Erfolg bleibt auf der Strecke. Bestes Beispiel: Hannover 96.
Wie planlos sich Hannover weiterhin verhält, sowohl in der Abstiegssaison als auch bei der Mission Wiederaufstieg, dazu ein Beispiel:
Als die Roten am 28. Spieltag 2015/16 erneut den Trainer wechselten – der Abstieg stand zu diesem Zeitpunkt schon fest –, fehlte ein Trainerkonzept für die 2. Liga. Als Interimstrainer wurde U19-Trainer Daniel Stendel eingesetzt. Als dieser dann die letzten Spiele vergleichsweise erfolgreich bestritt, wurde in der Öffentlichkeit und im Fan-Umfeld darüber diskutiert, mit Stendel in die 2. Liga zu gehen.
Nicht hinterfragt wurde, wie aussagekräftig die erzielten Ergebnisse aus den letzten sechs Spielen der Saison 2015/16 und damit die Bewerbung Stendels um den Chefposten wirklich sein können, fanden diese Spiele für 96 doch kaum mehr unter Wettbewerbsbedingungen und somit auch unter einer ganz anderen Motivationslage für die Spieler statt. Der Klub war bereits abgestiegen, Druck, Risiko und Verantwortung damit von den Spielern, ins-

besondere von den jungen, genommen. Die Spiele hatten freundschaftlichen Charakter, und auch die Gegner gaben in einem Spiel gegen einen Absteiger sicher nicht mehr alles.
Unter diesen Begleitumständen hat Stendel sicherlich einen guten Job gemacht, und es ist auch durchaus nachvollziehbar, dass die Fans ihn weiter auf dem Chefposten sehen wollen.
Aber kann die öffentliche Meinung ausschlaggebend sein für die Besetzung eines Postens, der ganz maßgeblich ist, um das anspruchsvolle Ziel, den sofortigen Wiederaufstieg, zu erreichen? Von strategischer Planung kann jedenfalls nicht die Rede sein, wenn solche Entscheidungen auf der Basis von öffentlichem Druck getroffen werden.
96 hat bislang, abgesehen von der Aussage, dass man "*Vertrauen in den neuen Trainerstab hat*", nicht öffentlich kommuniziert, was den U19-Trainer für die Führung der ersten Mannschaft qualifiziert, etwa Erfahrung in Aufbau und Integration eines leistungsstarken Kaders, Erfahrung im Aufstiegskampf als Trainer, Erfahrung in der 2. Liga, Erfahrung in der Übernahme von Verantwortung und Risiko, Erfahrung im Umgang mit Rückschlägen sowie Konfliktfähigkeit etc.
Es kann kein Plan für das Projekt Wiederaufstieg erkannt werden. Wie sieht dann aber erst der Plan aus, wenn dieser Plan ohne Plan nicht erfüllt werden kann?
"Wir sind gefallen, also müssen wir wieder aufstehen", das sagte Martin Kind am 15. März 2016 in der HAZ[85]. Es wäre aber eine fatale Fehleinschätzung zu glauben, dass es nach einem Abstieg automatisch wieder nach oben geht, so wird Kind weiter zitiert. Es ist ein Neuaufbau nötig, der professionell geplant werden muss.
Und so hat der Geschäftsführer Sport, Martin Bader, dann auch schon einen "*professionellen Plan*" bereit.

> *"90 Prozent der Spieler haben Zweitligaverträge. Ich habe allen deutlich gemacht, dass der Verein wirtschaftlich in der Lage ist, diese Zweitligaverträge von jedem einzelnen Spieler zu erfüllen. Dann wird die Suppe ausgelöffelt, die man sich selbst eingebrockt hat. Und das tut weh."*[86]

Kann das der richtige Weg zum sofortigen Wiederaufstieg in die Elite-Liga sein?

---

[85] Quelle: HAZ #63: "Was für ein Irrtum" vom 15.03.2016.
[86] Quelle: HAZ #62: "Wenn das alles ist, dann ist es erschütternd" vom 14.03.2016.

Zum Zeitpunkt des Abstiegs hatte Hannover 96 einen Kader von ca. 30 Spielern, u.a., weil Bader in der Winterpause kaum Spieler an andere Vereine abgeben konnte. Dass die Aussage Baders ernst zu nehmen ist, zeigt sich beim Trainingsauftakt zur Zweitliga-Saison 2016/17 am 21. Juni 2016, als von mehr als 30 Spielern im Kader noch 26 aus der Abstiegssaison übrig geblieben waren. So will 96 mit den meisten Spielern aus dem Kader in die 2. Liga gehen, der schon in der 1. Liga kein Zweitliga-Format hatte.
Das Motto *"Die Suppe, die du dir eingebrockt hast, musst du auch selbst auslöffeln"* als strategischen Ausgangspunkt für die Neuausrichtung eines Fußballklubs zu nehmen, scheint wenig professionell. Hinzu kommt, dass Hannover 96 wahrscheinlich der wirtschaftlich erfolgreichste Absteiger der Bundesligahistorie ist – der Verein geht mit einem Plus aus der letzten Bundesliga-Saison in die 2. Liga.

Der geplante Fußball

Wie ein Aufstieg in die höchste deutsche Spielklasse planvoll aussehen kann, zeigt das Beispiel RB Leipzig. Auch wenn das Projekt RB Leipzig polarisiert und viele den Verein am liebsten zum Teufel jagen würden, so steht Leipzig auch für die Zukunft des kommerziellen Fußballs und für einen geplanten Erfolg.

Die Geschichte von RB Leipzig begann im Jahr 2009. Am 13. Juni 2009 startete RB Leipzig nach der Übertragung des Oberliga-Spielrechtes und der Genehmigung, den Vereinsnamen von SSV Markranstädt in RB Leipzig zu ändern, zur Saison 2009/10 den Spielbetrieb. Der sportliche Aufstieg lief nach Plan: 2010 Aufstieg in die Regionalliga, 2013 Aufstieg in die 3. Liga, 2014 Aufstieg in die 2. Liga und 2016 Aufstieg in die Bundesliga. Und damit wird auch noch nicht Schluss sein, denn das Konzept des Klubs sieht vor, in die internationalen Wettbewerbe aufzusteigen. Und es kann kaum Zweifel bestehen, dass auch dieser Plan gelingen wird.

Das entscheidende Merkmal, und das wird in der Diskussion über RB Leipzig allzu häufig unterschlagen, ist, dass der Erfolg keineswegs gekauft ist. Denn es wurden nicht mit einem Multimillionen-Etat wild Spieler zusammengekauft, der Klub setzt auf ein Konzept einer hochqualifizierten und hocheffizienten Nachwuchsausbildung.

Diese Entwicklung muss man nüchtern konstatieren und feststellen, dass sich im deutschen Fußball eine Zeitenwende abzeichnet. Die Fußball-High-Society spielt heute nicht mehr in einer Vereinsliga, sondern in einer Glamourwelt, in der Milliardenunternehmen wie Bayer und VW, aber auch ein Unternehmen wie Red Bull sich eigene Fußballklubs leisten und in der der FC Bayern und auch Borussia Dortmund als im SDAX[87] notierter Klub die Etat- und Umsatz-Liga anführen.

Das alles lässt sich nicht planlos gestalten – die Klubs sind Multimillionen-Unternehmen, in denen Ehrenämter durch bezahlte Vorstände ersetzt werden, andere Unternehmen Beteiligungen erwerben, um sich Marktvorteile auf anderen Gebieten zu sichern. Es gibt einen Verdrängungswettbewerb wie in der Automobil- oder Chemiebranche – nur, dass König Fußball zur Unterhaltungsbranche gehört.

---

87 Der SDAX (abgeleitet von Small-Cap-DAX) ist ein deutscher Aktienindex, welcher am 21. Juni 1999 von der Deutschen Börse AG eingeführt wurde. Er ist der Auswahlindex für 50 kleinere Unternehmen, sogenannte Small Caps, die den im MDAX enthaltenen Werten hinsichtlich Umsatz und Marktkapitalisierung folgen. – Wikipedia de

Wenn nun ein Unternehmen aus diesem Markt ausscheidet, obschon es die Voraussetzungen hat, um sich im soliden Mittelstand zu halten, nämlich einen potenten Investorenpool, eine Unternehmensstruktur mit einer sehr ausgeprägten Unternehmerexpertise sowie eine ökonomisch gut gesattelte Plattform, dann muss diesem Unternehmen etwas Entscheidendes fehlen. Bei Hannover 96 sind dies ein wettbewerbsfähiges Produkt und ein Plan, wie Wettbewerbsfähigkeit erreicht werden kann.
Zu einem solchen Plan gehört auch die Beschäftigung mit einer These Ralf Rangnicks, dereinst Spiritus Rector des Aufstiegs von Hannover 96 im Jahr 2002. Auf den Vorwurf, Geld verzerre den Wettbewerb, antwortete Rangnick, nunmehr verantwortlich bei RB Leipzig:

> *"Geld ist längst nicht alles, Man muss es auch richtig einsetzen."*[88]

Das klingt jedenfalls nach einem Plan.
Und zu so einen Plan gehört auch die Berücksichtigung der Aussage von Henning Vöpel, Direktor des Hamburger Weltwirtschaftsinstituts HWWI, der mit Blick auf die Fußballtradition von Vereinen wie Rot-Weiß Essen sagt:

> *"Aus eigener Kraft werden es solche Städte nicht mehr in die Bundesliga schaffen. Man braucht Investitionen von außen."*[89]

Wenn Hannover 96 es nicht schafft, einen strategischen Plan zum Wiederaufstieg zu entwickeln, dann besteht die Gefahr, dass auch 96 zu den Traditionsvereinen zählen wird, die in der Versenkung verschwinden.

---

[88] Quelle: HAZ #109: "Im Namen der Dose" vom 11. Mai 2016.

[89] Quelle: Hamburger Abendblatt: "Geld oder Liebe?" vom 2./3. April 2016.

Masterplan

Ein Masterplan, der die Rahmenbedingungen für die Zukunft beschreibt, wäre ein probates Mittel für Hannover 96 gewesen, um den beginnenden, schleichenden Abstiegsprozess zu stoppen. Ein Masterplan hätte die Handlungsoptionen beschrieben, die notwendig gewesen wären, um das Produkt wettbewerbsfähig zu machen. Ein Masterplan hätte auch die ökonomischen Richtlinien beschreiben müssen, die in den gehobenen Mittelstand der Liga geführt hätten.

Insbesondere sind hier Ziele für eine Diversifikation[90] zu nennen, die auf die Erweiterung der Märkte als auch die Erweiterung der Marke hätten ausgelegt werden müssen. Ebenso zählen hierzu die Strukturen des Unternehmens hinsichtlich des Führungspersonals und der Nachwuchspotenzialentwicklung. Aber auch Rahmenbedingungen für Reputation und Image gehören zu einem Masterplan. Mit der Formulierung von Rahmenbedingungen zur Diversifikation hätte man auch Wege definiert, um die Wertschöpfung des Unternehmens insgesamt zu steigern. Die Monostrukturen des Geschäftsmodells Profifußball grenzen die betriebswirtschaftliche Gesamtrechnung erheblich ein. So ist es bei Monostrukturen schwer, weitere wirtschaftliche Ertragsfelder zu entwickeln. Das beschrieb bereits Henning Vöpel, Chef des Hamburger Weltwirtschaftsinstituts HWWI:

> *"Viele Vereine haben es in den vergangenen Jahren verschlafen, neue Finanzierungsquellen zu erschließen. [...]."*[91]

Genau das, ein Konzept zur Erschließung weiterer Ertragsfelder, gehört zu einem Masterplan. Nun lässt sich nicht feststellen, dass Hannover 96 einen solchen Masterplan jemals hatte, weder ab der Saison 2009 noch zu einem späteren Zeitpunkt.

Wie hätte ein solcher Masterplan beispielsweise aussehen können?

---

[90] vgl. Abschnitt "Diversifikation", Seite 91ff.

[91] Quelle: Hamburger Abendblatt: "Geld oder Liebe?" vom 2./3. April 2016.

Masterplan

Gestaltungsfelder	Orientierungsstufen	Handeln intensivieren
Neue Finanzierungsquellen	Erweiterung der Geschäftsfelder	Diversifikation[92] Produktstabilität[93]
		Auslandsvermarktung/Internationalisierung[94]
	Strategische Möglichkeiten[95]	Risikominimierung[96]
		Netzwerke[96]
		Berater- + Trainerkoordinationskonzepte[94]
Unternehmensstrukturen neu definieren	Führungsstruktur – Personalien[97]	Systemimmanenz überwinden
		Entscheidungsträger für Produkt und Leistung[98]
	Forschung + Entwicklung (FuE) – Potenzial- und Ausbildungsinnovation[99]	Nachwuchsausbildung – NLZ[100]
Geschäftsprozesse + Produkt	Produktvermarktung[101]	Markenführung
	Marketing[102]	Eigenvermarktung
Reputation/Image	Wahrnehmung "graue Maus"[103]	Landeshauptstadt Hannover[104]
	Marke[105]	Reputation als Arbeitgebermarke[106]

---

92 vgl. Abschnitt "Diversifikation", Seite 91ff

93 vgl. Abschnitt "Stabilität", Seite 91ff

94 vgl. Abschnitt "Auslandsvermarktung – Internationalisierung", Seite 93ff

95 vgl. Abschnitt "Die strategischen Möglichkeiten", Seite 162ff

96 vgl. Abschnitt "Risikominimierung", Seite 95ff

97 vgl. Abschnitt "Netzwerke", Seite 138ff

98 vgl. Abschnitt "Die Entscheidungsträger", Seite 97ff

99 vgl. Abschnitt "Forschung + Entwicklung (FuE) – Potenzial- und Ausbildungsinnovation, Seite 73ff

100 vgl. Abschnitt "Nachwuchsausbildung – NLZ, Seite 153ff

101 vgl. Abschnitt "Produktvermarktung", Seite 79ff

102 vgl. Abschnitt "Marketing – Geschäftsprozesse", Seite 86ff

103 vgl. Abschnitt "Die Wahrnehmung: Hannover als graue Maus", Seite 46ff

104 vgl. Abschnitt "Landeshauptstadt Hannover", Seite 165ff

105 vgl. Abschnitt "Die Marke", Seite 46ff

106 vgl. Abschnitt "Reputation als Arbeitgebermarke", Seite 50ff

Man kann feststellen, dass es bei Hannover 96 an solchen formulierten Rahmenbedingungen gefehlt hat, die sowohl sportlich aber insbesondere im Verantwortungsbereich von Sportführung und Marketing hätten konsequent umgesetzt werden müssen – Rahmenbedingungen in Form eines Masterplans, die alle Kriterien der Entwicklung des Unternehmens klar und zielführend definiert hätten.

Forschung + Entwicklung (FuE) – Potenzial- und Ausbildungsinnovation

Das Innovationsmanagement mit seiner strategischen Ableitung aus der Unternehmensstrategie ist in der Vorentwicklung beheimatet. Mit einem systematischen Ideenmanagement, unter Anwendung von Kreativitätstechniken, wirkt die Vorentwicklung auf das gesamte Unternehmen ein, um neue Produktideen zu generieren. Sogenannte Innovations-Scouts halten Kontakte zu relevanten externen Netzwerkpartnern, um technologische Veränderungen frühzeitig zu beobachten.[107]

So wird der Bereich FuE u.a. in der Wirtschaft beschrieben. Dieser Ansatz auf ein Fußballunternehmen umgemünzt bedeutet das Erkennen, die Förderung, die Entwicklung und die Ausbildung von Talenten und bestehenden Potenzialen. Anders ausgedrückt: Nachwuchsleistungsausbildung und strategische Leistungsförderung. Insoweit lassen sich die Begriffe Scouting, Netzwerk, Veränderungen aus der Ökonomie auf den Bereich Nachwuchsleistungsausbildung anwenden. Um also mit seinen Produkten weiterhin am Markt bestehen zu können und um die Produkte weiterzuentwickeln und ihre Qualität nachhaltig zu steigern, ist der Bereich FuE ein elementarer Bestandteil einer Unternehmensstrategie. Bei einem Profifußballunternehmen ist er sogar ein erheblicher wertschöpfender und ökonomischer Faktor.

Wenn in diesem Bereich bereits erhebliche Defizite bestehen, so fehlt ein entscheidendes Glied in der Prozesskette zur Qualitäts- und Leistungserbringung. Wer nicht in der Lage ist, die Grundlagen für Nachhaltigkeit in der Produktentwicklung zu gewährleisten, der wird über kurz oder lang aus dem Markt austreten müssen. Für einen Profifußballverein bedeutet das: Keine qualifizierte Nachwuchsausbildung und Leistungsförderung → Beginn eines Abstiegsprozesses.

Warum hat Hannover 96 also den Bereich FuE nicht optimal genutzt?

Einer der Gründe, weshalb die Entwicklung bei Hannover 96 stehen geblieben ist, liegt auch in der Person des bis zum 4. Juli 2016 Verantwortlichen für das NLZ – Jens Rehhagel. Die Entwicklung im Bereich FuE ist erheblich belastet durch die Vorgänge[108], die immer wieder über die Nachwuchsarbeit bei Hannover 96 in die Öffentlichkeit kamen.

---

107 Quelle: abgeleitet aus Wikipdia.de (Stichwort: Forschung und Entwicklung)

108 vgl. Abschnitt "Guter Ruf fängt klein an", Seite 48ff

So etwas zu vermeiden und die sportliche Entwicklung des gesamten Nachwuchsbereiches voranzubringen sollte doch zum Aufgabenbereich eines administrativen Leiters eines Nachwuchsleistungszentrums gehören. Werden diese Aufgaben auch so wahrgenommen?
Immer wieder versuchte Hannover 96, die in der Öffentlichkeit bekannt gewordenen Vorkommnisse rund um das Nachwuchsleistungszentrum runter zu spielen. Es kann aber festgestellt werden: Eine wirkliche Verantwortungsstruktur gibt es in diesem Bereich des Vereins nicht. Am 24. Februar 2016 veröffentlichte BILD Online ein Interview mit Jens Rehhagel, in dem er erneut zu einem aktuellen Vorkommnis Stellung beziehen sollte:

> *"BILD weiß von Strafanzeige wegen Verleumdung [...] Laut Hannoverscher Allgemeine soll der Trainer einen Jungen bezichtigt haben, einem Mitspieler Geld gestohlen zu haben. Diese Tat habe der Junge vor dem gesamten Team zugeben müssen. Die Eltern bestreiten den Diebstahl. Rehhagel: 'Von einer neuen Strafanzeige ist dem Verein nichts bekannt.' Merkwürdig: BILD erfuhr, dass bei der Staatsanwaltschaft Hannover eine Anzeige wegen Verleumdung vorliegt (Az 3422Js73987/14)."*[109]

In den Medien führen die aktuellen Vorkommnisse und auch die aus der Vergangenheit zu negativen Schlagzeilen – und schaden damit, wie schon ausgeführt, dem Ruf des Vereins. Martin Bader, Geschäftsführer Sport, bewertet die Arbeit des Nachwuchsleistungszentrums in einem Interview mit der HAZ vom 18.02.2016 so:

> *"[...] Denn da haben wir etwas falsch gemacht. Weil wir nicht mitbekommen haben, dass es da in der täglichen Arbeit mit den jungen Spielern Defizite gab. [...]"*[110]

Ist es aber nicht die Aufgabe des administrativen Leiters des Nachwuchsleistungszentrums das Geschehen in seinem Verantwortungsbereich im Blick zu haben und bei auftretenden Problemen gegenzusteuern? Macht das Vermögen hierzu nicht einen guten Manager aus?
Es geht aber nicht nur um den Ruf des Nachwuchsleistungszentrums und um den des Vereins. Die Aufgabe der Nachwuchsarbeit ist es, junge Talente auszubilden und an die erste Mannschaft heranzuführen, um diese aus dem

---

[109] Quelle: BILD.de: "Vorwürfe gegen Nachwuchs-Coach: Martin Kind und Jens Rehhagel beziehen Stellung | Jugend-Chaos bei Hannover 96!" vom 24.02.2016.

[110] Quelle: HAZ: "Herr Bader, geht es im NLZ drunter und drüber?" vom 18.02.2016.

eigenen Verein heraus zu stärken – und umso die sportliche Leistungsfähigkeit zu verbessern, ohne auf teure Transfers angewiesen zu sein. Das ist Hannover in den vergangenen Jahren nicht gelungen. Im Gegenteil, viele Talente verließen den Verein, um anderswo erfolgreich zu sein. Martin Bader zieht Bilanz:

> *"Ich habe mir von NLZ-Leiter Jens Rehhagel die Liste mit den Spielern geben lassen, die in den vergangenen Jahren von 96 weggegangen sind. Die Liste ist sehr lang – und das ist schlimm."*[111]

Bader wurde am 19.02.2016 auch überregional in einer Agentur-Meldung von der dpa zitiert:

> *"Bei uns ist in den letzten Jahren kein Bewusstsein dafür entwickelt worden, wie wichtig Nachwuchsarbeit ist. Es wurde zwar immer gesagt, dass sie wichtig ist, man hat aber nicht zu Ende gedacht."*[112]

Wer ist dafür verantwortlich? Jens Rehhagel war bereits seit August 2005 administrativer Leiter des Nachwuchsleistungszentrums. Es lässt sich feststellen, dass während dieser Zeit die Nachwuchsarbeit den Profikader kaum nachhaltig verstärken konnte.
War Rehhagel also der richtige Mann für diesen Job? Das lässt sich nicht nachprüfen, aber es wurde gemunkelt, Rehhagel habe bei 96 einen unbefristeten Arbeitsvertrag. Für einen Mann in einer so wichtigen Position im Verein wohl kaum eine kluge strategische Entscheidung. Üblich ist, solche leistungsorientierten Schlüsselpositionen mit anders gestalteten Verträgen zu verknüpfen. Diese Vermutung wird dadurch unterstützt, dass es schließlich Rehhagel selbst war, der kündigte.
Die Besetzung der leitenden Position der Nachwuchsarbeit bei 96 kann also als ein Glied in der Prozesskette des Abstiegs bezeichnet werden.
Was hat die FuE bei 96 bisher bewirkt?
Per Mertesacker (96-Jugend 1995–2003), Jan Rosenthal (2000–2005), Konstantin Rausch (2005–2008), das sind diejenigen, die es nach dem Wiederaufstieg 2002 aus der Jugend von Hannover 96 in die Bundesligamannschaft und später weiter zu anderen Bundesligavereinen geschafft haben.

---

[111] Quelle: HAZ: "Herr Bader, geht es im NLZ drunter und drüber?" vom 18.02.2016.

[112] Quelle: Südwest Presse – swp.de: "96-Manager Bader kritisiert Nachwuchsarbeit" vom 19.02.2016.

Auch wenn sicherlich der eine oder andere Name mehr zu nennen wäre, der aus der Jugendabteilung temporär in den veritablen Profikader aufgestiegen ist, so hat es bisher kein weiterer Jugendspieler zu einer Profikarriere gebracht. Auch die augenscheinlich durch den neuen Trainer Daniel Stendel bewirkte Verjüngung des Kaders mit einigen Nachwuchstalenten kann bislang noch nicht als nachhaltig bewertet werden.
Dass es anders geht, zeigen andere Bundesligisten. Beispiel Schalke 04: Im Folgenden werden nur die Spieler aus dem Bundesligakader der Saison 2015/16 angegeben, die in der Jugend von S04 ausgebildet wurden:

Ralf Fährmann, Marvin Friedrich, Benedikt Höwedes, Sead Kolašinac, Joel Matip, Max Meyer, Leroy Sané.

Hinzu kommen weitere Namen, die inzwischen sehr erfolgreich bei anderen Vereinen tätig sind:

Julian Draxler, Manuel Neuer, Mesut Özil, Alexander Baumjohann.

Und auch 96 hatte mit Sérgio da Silva Pinto (2007–2013), Mike Hanke (2007–2010) und Christian Pander (2011–2015) Spieler im Kader, die auf Schalke ausgebildet wurden.
Eine solche Ausbildungsquote, wie sie Schalke vorweisen kann, kann man als einen wertschöpfenden Beitrag des Bereiches FuE zur nachhaltigen Entwicklung eines Bundesligakaders bezeichnen. Und es ist nicht nur Schalke 04, das eine exzellente Nachwuchsausbildung hat, dies trifft auf die meisten Vereine zu, die langfristig in der Bundesliga spielen.
Eine gute Nachwuchsabteilung muss Talente nicht nur weiterentwickeln, sie muss sie auch entdecken können. Von Hannover ist bekannt, dass dieses Scouting häufiger misslingt. Beispiel Niclas Füllkrug, der aus Hannover-Ricklingen kam und von 2006–2007 von der Jugendabteilung des SV Werder Bremen ausgebildet wurde, von dort den Weg in den Profikader von Werder schaffte und zurzeit in Nürnberg unter Vertrag ist.
Noch eklatanter ist der Fall der Brüder Eggestein aus Hannover. Der 19-jährige Maximilian Eggestein fand seinen Weg über die Werder-Jugendausbildung 2014 in den Profikader, der 17-jährige Johannes Eggestein wechselte vom TSV Havelse an die Weser statt an die Leine. Um diesen U17-Nationalspieler findet inzwischen ein Rennen zwischen Borussia Dortmund und Bayer Leverkusen statt und auch Scouts von Manchester United haben starkes Interesse an dem Mittelstürmer.[113]

---

113 Quelle: t-online.de: "Unglaubliche Torquote" vom 24.02.2016.

Ein weiteres Beispiel ist das Torwarttalent Sascha Algermissen. Der junge Torhüter wechselte mangels Perspektive von der U17 der 96er zum SV Arminia Hannover, wo er bereits als 17-jähriger in der Landesligamannschaft spielte und von Scouts entdeckt wurde, sodass er nun in der U19 von Schalke 04 weiter ausgebildet wird.
Vielleicht bleiben die Talente Hannover 96 auch wegen des bereits beschriebenen Imageproblems der Nachwuchsabteilung fern.[114] Dazu kommt ein strukturelles Defizit, denn ein Nachwuchsleistungszentrum für eine optimale Nachwuchsausbildung[115] ist erst im Aufbau. 2015 wurde der Grundstein im ehemaligen Eilenriedestadion gelegt und mit dem Bau begonnen. Das NLZ soll 2017 fertig sein. Im Vergleich mit anderen Erstligisten ist dieses Projekt viel zu spät angegangen worden.
Die Baustellen der Nachwuchsarbeit fasst die Neue Presse Hannover so zusammen:

> *"Baustelle Talente – Baustelle Durchlässigkeit – Baustelle Führung – Baustelle Trainer"*[116]

Laut Martin Bader wird es noch mindestens fünf Jahre dauern, bis die neuen Strukturen greifen und diese Baustellen abgearbeitet sein werden. In diesen fünf Jahren werden noch viele Talente von der Leine direkt die Weser runter fließen oder auf dem Mittellandkanal in Richtung Wolfsburg schippern.
Bei der Nachwuchsausbildung geht es aber nicht nur darum, die Qualität des Kaders zu steigern. Der Bereich FuE muss auch für einen ökonomischen Mehrwert sorgen. Schließlich müssen sich die nicht unerheblichen Ausbildungsaufwendungen durch einen späteren Erfolg der Talente amortisieren. Das gelingt nur, wenn die Talente Zugang zum eigenen Profikader finden, weil dann Kosten für Transfers "von außen" eingespart werden können. Und nicht zuletzt geht es auch um Transfererlöse, die bei erfolgreichen Weitertransfers von hochrangigen Talenten erzielt werden können.
Den letzten nennenswerten Transfererlös für einen bei 96 ausgebildeten Jugendspieler erzielte man am 08.08.2006 durch den Wechsel von Per Mertesacker zu Werder Bremen mit einer Ablöse von 4,7 Mio. Euro. Mit dem Transfer von Jan Rosenthal zum SC Freiburg am 01.07.2010 wurden

---

114 vgl. Abschnitt "Guter Ruf fängt 'klein' an", Seite 48ff

115 vgl. Abschnitt "Forschung + Entwicklung (FuE) – Potential- und Ausbildungsinnovation", Seite 73ff

116 Quelle: Neue Presse Hannover: "Umbauplan für 96-Sorgenkinder" vom 16.02.2016.

550.000 Euro erzielt, und Konstantin Rausch ging am 01.07.2013 sogar ablösefrei zum VfB Stuttgart.[117]

Ein Blick auf die Transferbilanzen[118] Hannovers zeigt, welche wirtschaftlichen Opportunitäten man in schon sträflicher Weise liegen gelassen hat.

An dieser Feststellung ändern auch die temporären sportlichen Erfolge der U19 mit dem Erreichen des Finales in der Saison 2013/14 um die deutsche Meisterschaft gegen die TSG 1899 Hoffenheim, das mit 0:5 (0:1) verloren wurde, und des Erreichens des Halbfinales der U17 in der Saison 2014/15 gegen den VfB Stuttgart, dass mit 2:0 (1:0) und 1:1 (1:0) in Hin- und Rückspiel verloren wurde, und auch der Gewinn des Pokals 2016 durch die U19 nicht wirklich etwas. Hierbei handelt es sich allenfalls um die gottlob im Sport immer wieder vorkommenden Außenseiterphänomene. Aber diese Erfolge sind nicht gleichzusetzen mit einer strukturell herbeigeführten Erfolgsstrategie aufgrund durch FuE geleiteter Entwicklungen, sie sind Zufallsprodukte.

Der tatsächliche Zustand des Nachwuchsbereiches von Hannover 96 wurde am 30. April 2016 in der Zeitung Neue Presse wie folgt beschrieben:

> *"So steht es um den Nachwuchsbereich bei 96 – Drei Teams akut abstiegsgefährdet!"*[119]

Diese Meldung bezog sich auf die U23, die mit zwei Punkten Abstand zum ersten Abstiegsplatz auf dem 14. Tabellenplatz weilte und dann nur ganz knapp den Abstieg verhindern konnte, auf die U17, die aus der U17-Bundesliga absteigen musste, und die C-Junioren, die ebenfalls nur einen Platz über dem Strich standen. Und auch für die U19 hat es in der A-Jugendbundesliga Nord/Nordost 2015/16 nicht für einen Spitzenplatz gereicht.

Wie so häufig verleiten temporäre Erfolge, wie die der U19 bei 96, alle Verantwortlichen, sich erfreut zurückzulehnen in der sicheren Erkenntnis, alles richtig gemacht zu haben. So hat man es auch schon in der Vergangenheit gehalten, insbesondere nach den UEFA-Europa-League-Zeiten. Und dass diese Einstellung nicht gut gehen konnte, hat spätestens der Abstieg gezeigt.

---

117 Quelle: Transfermarkt.de.

118 vgl. Abschnitt "Kennzahlen –Transferbilanz", Seite 32ff

119 Quelle: Neue Presse Hannover: "So steht es um den Nachwuchsbereich bei 96 – Drei Teams akut abstiegsgefährdet!" vom 30. April 2016.

Produktvermarktung

Wenn es so kommt, wie es gekommen ist, dann gibt es sehr viele, die immer schon gewusst haben, dass es eben so kommen musste. Dazu gehört die Kommunalpolitik[120]. Auf einmal fürchtete die Opposition im hannoverschen Rathaus durch den bevorstehenden Abstieg von Hannover 96 Imageverlust und wirtschaftlichen Schaden. Wie kam es auf einmal zu diesem Sinneswandel? Denn Hannover spielte doch schon in den letzten Jahren häufiger gegen den Abstieg und das Image der grauen Maus[121] haftet 96 ebenfalls schon lange an. Und so wurde im Februar 2016 gefordert, dass die Stadt eine Kampagne starten sollte, die einen Zusammenhalt schaffen sollte, um noch einmal Erfolg zu generieren. Der Chef der Hannover Tourismus- und Marketing Gesellschaft (HMTG), Hans-Christian Nolte, lehnte dies aber ab:

> *"Eine Kampagne macht nur Sinn, [...] wenn das Produkt stimmt. Das stimmt nach meiner Auffassung aber nicht."*[122]

In der HAZ vom 26.02.2016 wurde Nolte mit den Worten zitiert:

> *"Um so etwas zu machen, braucht man ein Produkt, an das man anknüpfen kann. Das fehlt derzeit."*[123]

Ist Hannover 96 also ein Unternehmen ohne Produkt?
In einem weiteren Artikel in der HAZ vom 27.02.2016 wird festgestellt:

> *"Vielleicht ist es an der Zeit, über Hannover 96 nicht mehr so sehr als 'Produkt' zu sprechen. Zuletzt ging es zu häufig um 'die Marke'."*[124]

Allein für den Bereich der Vermarktung lassen sich aber wesentliche Versäumnisse feststellen. Im Juni 2000, 96 war zu diesem Zeitpunkt noch Zweitligist, schloss das Unternehmen den ersten Vermarktungsvertrag für

---

120 vgl. Abschnitt "Landeshauptstadt Hannover", Seite 165ff

121 vgl. Abschnitt "Die Wahrnehmung: Hannover als.graue Maus", Seite 46ff

122 Quelle: Neue Presse Hannover: "Braucht 96 eine Kampagne?"

123 Quelle: HAZ #48: "96 bietet derzeit kein Produkt" vom 26.02.2016.

124 Quelle: HAZ #49: "96, kalte Liebe" vom 27.02.2016.

Rechte und Lizenzen mit der Ufa Sports GmbH[125], der auf 10 Jahre angelegt war.

> *"Wir haben in der Vergangenheit oft von der Hand in den Mund gelebt. Jetzt sind wir in der Lage, Dinge langfristig zu planen und auch zu realisieren",*[126]

so kommentierte Martin Kind seinerzeit den Deal.

Aber was ist die Bilanz der bisherigen Zusammenarbeit? Der Sportvermarkter hat 96 einen neuen Trikotsponsor besorgt – nach der TUI einen regionalen Bauträger. Braucht man dafür einen globalen Vermarkter? Dieses Geschäft kann doch im Rahmen von unternehmerischer Nachbarschaftshilfe mit Lokalkolorit auf bilateraler Ebene abgewickelt werden.

Ein großer Deal des Vermarkters wäre es sicherlich gewesen, wenn eine globale Marke als Sponsor hätte gewonnen werden können, wie z.B. die Continental AG. Dass Continental, ansässig in Hannover, sich nicht beim örtlichen Fußballverein auf einer entsprechenden Ebene engagiert und stattdessen die Namensrechte an der Arena in Regensburg erwirbt, wirft Zweifel an den Fähigkeiten des Vermarkters auf. Dafür konnte am 19.12.2015[127] vermeldet werden, dass die Continental AG wieder die größte VIP-Loge der HDI-Arena mit einem Kommunikationspaket gebucht habe. Ein schwacher Trost.

Die Vermarktung des Produktes Hannover 96 ist eine wesentliche Finanzquelle des Unternehmens. Wenn es hier hakt, dann trägt dies zum Abstiegsprozess bei – und das konnte in Hannover beobachtet werden.

Als Grundlage für ein strategisches und zukunftsfähiges Marketing, mit dem aus Marketingsicht ein wettbewerbsfähiges Produkt entwickelt werden kann, stellen wir im Folgenden einen Fragenkatalog vor. Mit Beantwortung dieser Fragen kann das Unternehmen Hannover 96 eine Strategie entwickeln, um sich wettbewerbsfähig aufzustellen:

---

125 Vorgängergesellschaft des aktuellen Sportrechteinhabers Lagardère Sports Germany GmbH – vormals Sport Five

126 Quelle: Handelsblatt: "Hannover 96 schloss Zehn-Jahres-Vertrag mit Ufa" vom 26. Juni 2000

127 Pressemitteilung Hannover 96 GmbH & Co. KGaA vom 19. Dezember 2015

Fragenkatalog 1 - Geschlossene Fragen

Marke

- ☞ *Gibt es Bewertungsmaßstäbe für den Markenwert von Hannover 96 und wie werden diese messbar gemacht (z.B. Lizenzen)?*
- ☞ *Ist der Markenkern definiert?*
- ☞ *Gibt es ein Portfoliomanagement (Zeit, Erlöse, Risiken) für Markenelemente, die lizenziert sind bzw. es zukünftig sein sollen?*
- ☞ *Gab es hier Veränderungen? Falls ja, in welchen Zeiträumen?*
- ☞ *Ist die Reichweite der Marke bekannt?*
- ☞ *Gibt es eine Vision für die Marke (z.B. "Der Unternehmerklub", "Hidden Champion" oder "Mittelstand der Liga")? Falls ja, welche?*
- ☞ *Gibt es Vorbilder für die Marke im Inland, im Ausland, in anderen Sportarten?*
- ☞ *Gibt es Konzepte und systematische Messungen für den wechselseitigen Imagetransfer zwischen H96 sowie Stadt und Region Hannover ebenso wie Sponsoren und Partnern?*
- ☞ *Gibt es Analysen, welche Faktoren Imagetransfers tragen (Spieler, Erfolge, Vereinsführung, Spielstätte etc.)? Falls ja, welche, falls nein, sollte es systematische Analysen geben?*
- ☞ *Gibt es Konzepte, welche strategischen Geschäftsfelder und -einheiten die Marke tragen bzw. tragen sollten?*

Vermarktung

- ☞ *Gibt es eine strategische Marketingkonzeption?*
- ☞ *Ist die strategische und operative Aufgabenteilung zwischen H96 und Sport Five (Lagardère Sports Germany GmbH)*[128] *effizient?*
- ☞ *Wann hat Sport Five (Lagardère Sports Germany GmbH) maßgebliche Impulse gegeben?*
- ☞ *Gibt es eine systematische Planung und ein systematisches Vorgehen, um Marktpotenziale gezielt zu ermitteln und zu erschließen?*
- ☞ *Ist schon mal über gemeinsame Aktionen mit der Tourismus- und Wirtschaftsförderung von Stadt und Region Hannover nachgedacht worden?*[129]

---

128 Vermarktungspartner Sportrechte + Lizenzen von Hannover 96.

129 vgl. Abschnitt "Landeshauptstadt Hannover", Seite 165ff

- ☞ *Gibt es Portfolioplanung und -management für Vermarktungsmaßnahmen?*
- ☞ *Gibt es Überlegungen, inwieweit Digitalisierung über Ticketing, Online-Shop, Payment und Kommunikation und Social Media hinaus Geschäftsprozesse der Vermarktung von H96 unterstützen kann?*
- ☞ *Gibt es Key Performance Indicators (KPI) im Marketing? Falls ja, welche?*

Investment und Risikomanagement

- ☞ *Gibt es eigene geschäftspolitische Ziele und Strategie für das Sportunternehmen?*
- ☞ *Werden daraus Marketing/Vermarktungsziele bzw. Prozessziele abgeleitet?*
- ☞ *Existiert eine Investitions- und Finanzierungsplanung für H96? Falls ja, für welche strategischen Geschäftsfelder und -einheiten (z.B. Spieler, Spielbetrieb, Vermarktung, Infrastruktur)?*
- ☞ *Existiert eine Kosten-Leistungsrechnung?*
- ☞ *Gibt es Portfolioplanung und Asset Management zwischen den Vermögenswerten?*
- ☞ *Gibt es ein ganzheitliches Controlling?*
- ☞ *Gibt es vernetzte Informationsstandards bzw. -systeme?*
- ☞ *Gibt es systematische Risikoanalyen und Risikomanagement?*
- ☞ *Gibt es systematische Risikovorsorge bzw. -absicherung (wie Sportversicherungen, einschließlich Directors & Officers [D&O] oder Vermögensausfallversicherungen analog dem BVB Dortmund)?*[130]

Fragenkatalog 2 – offene Fragen

Marke

- ☞ *Welchen Markenwert hat die Marke Hannover 96?*
- ☞ *Was sind die Markenattribute?*
- ☞ *Wie lautet das Markenversprechen (USP)?*
- ☞ *Welche Markenelemente sind lizenziert und welche sollen es zukünftig noch sein?*
- ☞ *Welche Reichweite hat die Marke (Geographie, Zielgruppen)?*
- ☞ *Welche Chancen und Hemmnisse gibt es für die "nationale Marke"?*

---

130 vgl. Abschnitt "Risikominimierung", Seite 95ff

- *Was muss optimiert werden, damit H96 eine nationale Marke wird?*
- *Welche strategischen Geschäftsfelder und -einheiten tragen die Marke bzw. sollten sie tragen?*

Vermarktung

- *Welche Schwerpunkte hat die Marketingkonzeption (z.B. Marke, Dienstleistungsmarketing, Customer-Relationship-Management (CRM), Produkt- und Portfoliomanagement)?*
- *Welche Bereiche schließt die Marketingkonzeption ein und wie weitreichend sind diese integriert (z.B. Spielstätte mit Tourismus)?*
- *Wie sieht die strategische und operative Aufgabenteilung zwischen H96 und Sport Five (Lagardère Sports Germany GmbH) aus?*
- *Schöpft Sport Five (Lagardère Sports Germany GmbH) Rechte und Lizenzen voll aus? Sind alle vergeben?*
- *Welche strategischen Geschäftsfelder und -einheiten gibt es für die Vermarktung?*
- *Welche nationalen Zielmärkte gibt es, welche sollen erreicht werden?*
  - *Geographisch*
  - *Zielgruppen (B-2-B, B-2-C), Soziodemographie, Einstellungen*
  - *Kooperationspartner (aus Wirtschaft, Verbänden, Politik)*
- *Mit welcher Systematik (Werkzeuge, Dienstleister, Frequenz) werden Marktpotenziale ermittelt?*
- *Welche Möglichkeiten sind angedacht, um soziales Engagement mit Wertschöpfungsmaßnahmen zu verbinden, z.B. mit Blick auf die Auslastung von Logistik für Infrastruktur von H96 bzw. Partnern?*[131]
- *Was sind die Chancen und Risiken internationaler Vermarktung?*[132]
- *Welche Zielmärkte sind denkbar, z.B. Europa vor Asien oder Nordamerika?*
- *Welchen Entwicklungsgrad müssen diese Märkte haben?*

---

131 vgl. Abschnitt "Diversifikation", Seite 91ff

132 vgl. Abschnitt "Auslandsvermarktung – Internationalisierung", Seite 93ff

- *Über welche Kontaktwege würde eine Markterschließung verlaufen (Vereine, Verbände, Berater, Sponsoren, Investoren, Dienstleister)?*
- *Warum stellt sich Hannover 96 als "zu klein" dar für die Auslandsvermarktung, im Hinblick auf Marktpotenziale oder Ressourcen an Zeit, Personal, Geld?*
- *Welche Vermarktungsmaßnahmen und -kanäle sind (zusätzlich zum Merchandising) zyklisch, welche antizyklisch aufgebaut?*

Investment und Risikomanagement

- *Welche Strategiemethoden spielen im Management eine Rolle (z.B. Balanced Score Card)?*
- *Welche Prämissen bestimmen die Strategie (Geschäftsprozesse, Auslastung, Kosten, Finanzen, Vermarktung)?*
- *Welche Methoden in der Finanz- und Investitionsplanung werden angewandt?*
- *Wer hat dafür die Verantwortung (Management, Gremium)?*
- *Welche finanzwirtschaftlichen Methoden sind relevant (z.B. Erlös- oder Liquiditätsmanagement)?*
- *Wo gibt es Potenziale, Liquidität zu schonen, Kapital zu bilden, Opportunitätskosten zu vermeiden?*
    - Skalierung – welche Partner, Geschäftsfelder und -prozesse?
    - Verbund – welche Partner, Geschäftsfelder und -prozesse?
- Welche Kennzahlen für die Betriebswirtschaft und Bewertungsmaßstäbe an das Vermögen werden berücksichtigt?
- Welche Potenziale bestehen für Wertschöpfung und Diversifikation?
    - Im Geldvermögen
    - Im Kapitalvermögen
    - Im Sachvermögen
    - In immateriellen Vermögenswerten
    - Konzepte (z.B. Ausbildung und Nachwuchsarbeit)
    - Kooperationen und Beteiligungen[133]
    - Rechte und Lizenzen[134]
    - Image/Reputation[135]

---

133 vgl. Abschnitt "Die strategischen Möglichkeiten", Seite 162ff

134 vgl. Abschnitt "Marketing – Geschäftsprozesse", Seite 86ff

- Welche quantitativen und qualitativen Risikoparameter werden gemessen? In welcher Frequenz?
- Welche Informationen und Analysen stellen die Beziehung zwischen sportlicher Entwicklung, Sportbetrieb und Vermarktung her (Stichwort: "Hochrisikozone" bzw. "Das erste Tor ist das wichtigste.")
- Welche Eskalationsplanungen gibt es für welche Risikosituationen?
- Welche Verbundanalysen und -planungen gibt es, z.B. bei Kooperationen oder entlang von Prozess- bzw. Logistikketten?

Wir meinen: Wenn diese Fragen ernsthaft bearbeitet werden und ehrlich hinterfragt wird, welche wichtigen Elemente tatsächlich in die Unternehmensstrategie eingeflossen sind bzw. hätten einfließen müssen, dann würde eine Grundlage für die weitere wirtschaftliche Entwicklung geschaffen werden. Nicht dieser Fragenkatalog für sich, aber die Beantwortung und Beschäftigung mit diesen Fragestellungen als Teil einer Reihe von Prozessen könnte dazu beitragen, ein Produkt zu schaffen, dass wettbewerbsfähig und erfolgreich ist und somit als Produkt, auch von der Kommunalpolitik, wahrgenommen werden kann.

Die Beantwortung der aufgeworfenen Fragen könnte auch der Ausgangspunkt für eine Neuausrichtung der Marke sein.

---

135 vgl. Abschnitt "Reputation", Seite 46ff

Marketing – Geschäftsprozesse

Die Prozesse im Marketing sind auch aus der Perspektive einer Detailanalyse möglicher Investoren, Partner und Manager zu formulieren, die an der nachhaltigen Fortsetzung und Leitung des Geschäftsbetriebs des Sportunternehmens Hannover 96 interessiert sind. Dazu gehören auch visionäre wirtschaftliche Ziele.
Eine der Aufgabenstellungen des Marketings wäre eine unabhängige Selbstvermarktung. "*Hannover 96 – der Unternehmerklub*" sollte als nationale Marke mit internationaler Ressourcenbündelung in der Lage sein, durch eine autonome Selbstvermarktung mehr Umsatz zu erzielen, als es mit dem aktuellen Verwerter (Sport Five – Lagardère Sports Germany GmbH) der Rechte und Lizenzen gelingt, und zwar auch mit der Erschließung neuer Finanzquellen.

Unabhängigkeit heißt:

- ♦ Eigene Meinung
- ♦ Solide Finanzen
- ♦ Ausbalancierte Strategie
- ♦ Diversifikation
- ♦ Norddeutsche Ursprünglichkeit, bürgerliche Herkunft und die historisch begründete Verbundenheit zur englischen Tradition als Stärken
- ♦ "Wir-sind-Wir" statt Retorte
- ♦ Innovationskraft
- ♦ Selbstbewusste Marktposition
- ♦ Sportlichen Erfolg nicht immer an Tabellenstand und Ligazugehörigkeit definieren (z.B. Nachwuchsarbeit)[136]

Um die Aufgabenstellungen des Marketings zu formulieren, müssen aber zunächst die betriebswirtschaftlichen Annahmen definiert werden.

Die Hannover 96 S&S erbringt als mittelständisches Unternehmen multifunktionale Dienstleistungen und stellt für Stakeholder marktfähige Ressourcen (Infrastruktur, Finanzen, Personal) und Plattformen zur Verfügung in Form von:

---

136 vgl. Abschnitt "Forschung + Entwicklung (FuE) – Potenzial- und Ausbildungsinnovation", Seite 73ff

- Spielstätten, Trainingseinrichtungen sowie deren Finanzierung, Bau und Betrieb
- Spielbetrieb
- Transfermarktaktivitäten
- Ticketing
- Sponsorenprogramme/Fankultur[137]
- Imagetransfer, Medienkommunikation
- Vermarktung: Catering/Merchandising/Werbung/Publishing on- und offline/Events
- Sozialprojekte und Kooperation mit öffentlicher Hand
- Logistik[138]
- Administration und sonstige Services

Die Geschäftsprozesse, Leistungsbeziehungen und Wertschöpfung für die Märkte in diesem Dienstleistungsspektrum sollten dabei gekennzeichnet sein durch:

- keinen linearen, sondern simultane, multifunktionale und multidimensionale Entwicklungen
- freien Cash Flow
- permanente Verflechtung quantitativer und qualitativer Informationen
- Verbundeffekte anstelle von Skalierbarkeit

Statt einer Wertschöpfungskette von A bis Z (nach Porter) werden Dienstleistungen - passend zur runden Sache Fußball - in einem Wertshop und im Verbund in einem Wertnetzwerk erbracht:

[137] vgl. Abschnitt "Fankultur - Tradition + Kommerz" Seite 157ff

[138] vgl. Abschnitt "Diversifikation", Seite 91ff

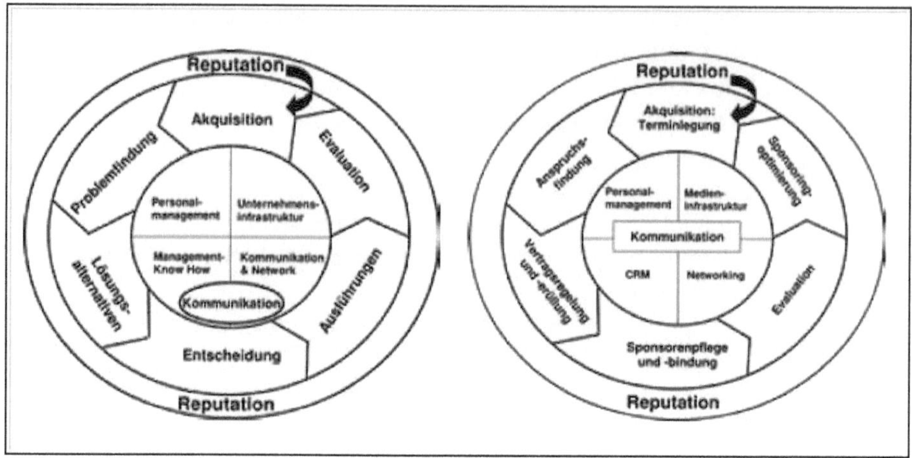

Abbildung 1: Wertshop-Modell allgemein (links) und bezogen auf Sportunternehmen (rechts)[139]

Um in diesem Rahmen Performance (die Zufriedenheit der Stakeholder mit der Qualität und Reputation des Sportunternehmens) als Basis für Wertschöpfung zu gewährleisten, sind für das Management in Analyse, Planung und Steuerung maßgeblich:

- Liquidität
- Verbundkonzepte und Netzwerkbeziehungen[140]
  - ▷ zur Verknüpfung der o.g. Ressourcen
  - ▷ zur Vermeidung von Opportunitätskosten
  - ▷ zur Diversifikation[141]
  - ▷ zur übergreifenden (d.h. interdisziplinären und internationalen) Kooperation mit Partnern[142]
- Situatives Management
- Stakeholder-Analyse
- Qualitatives Risikomanagement
- Informationsbewertung und Nutzwertermittlung
- Kommunikationsmaßnahmen

139 Nach Matthias Zimmermann: "Die Wertschöpfung in multifunktionalen Dienstleistungsbetrieben", 2008

140 vgl. Abschnitt "Die strategischen Möglichkeiten", Seite 162ff

141 vgl. Abschnitt "Diversifikation", Seite 91ff

142 vgl. Abschnitt "Netzwerke", Seite 138ff

- Strategieentwicklung und Management auf Basis einer Balanced Scorecard[143]

Wachstum und Renditeerwartungen von Investoren können erzielt werden über:

- Transfererlöse
- erfolgreichen Spielbetrieb
- (nationale und internationale) Verbreitung der Vermarktung
- Reputationsmanagement[144]
- Risikoanalyse und Liquiditätsmanagement
- Verbund der Ressourcen
- Ggf. Geschäftsprozessoptimierung[145]
- Kapitalmarktorientierte Gesellschafterstruktur (50+1) bzw. zuverlässige Finanzierungsmodelle
- Diversifikation[146]

Sämtliche hier gelisteten Parameter stellen in der Gesamtheit der wechselseitigen Beziehungen die Grundlage für ein funktionierendes Unternehmen und damit für eine exzellente Leistungserstellung und ein wettbewerbsfähiges Produkt dar.

Sie bilden aber auch die Basis für die Krisenprävention[147]. Wenn hier die verzahnten Prozesse nicht richtig greifen, wenn Schwachstellen im System erkennbar sind, wenn die Leistungsbeziehungen keine Nachhaltigkeit produzieren, wenn in der Wertschöpfungskette Glieder zu schwach sind oder gar fehlen und aus der Balanced Scorecard falsche Annahmen und Vorstellungen und damit auch falsche Ursache-Wirkungs-Beziehungen hergestellt werden, so führt dies zu falschen Handlungen und falschen Entscheidungen. Und genau dann können nachhaltige und fortschreitende Krisen beginnen.

Anhand der aufgezeigten betriebswirtschaftlichen Parameter lassen sich für Hannover 96 Schwachstellen ausmachen, die sich über mehrere Perioden kumuliert haben – so etwa bei den Ressourcen Transfermarktaktivitäten[148], Imagetransfer[149], Sponsorenprogramme[150].

---

143 Balanced Scorecard (BSC, englisch für ausgewogener Berichtsbogen) ist ein Konzept zur Messung, Dokumentation und Steuerung der Aktivitäten eines Unternehmens oder einer Organisation im Hinblick auf seine Vision und Strategie. – wikipedia.de

144 vgl. Abschnitt "Reputation", Seite 46ff

145 vgl. Abschnitt "Marketing – Geschäftsprozesse", Seite 86ff

146 vgl. Abschnitt "Diversifikation", Seite 91ff

147 vgl. Abschnitt "Krisen erkennen", Seite 30ff

148 vgl. Abschnitt "Kennzahlen – Transferbilanz", Seite 32ff

149 vgl. Abschnitt "Reputation", Seite 46ff

In der Wertschöpfungskette sind maßgebliche Glieder nicht ausreichend oder gar nicht ausgebildet worden, wie z.B. Verbundkonzepte und Netzwerkbeziehungen[151], Transfererlöse[148], Verbreitung der Vermarktung[152], Reputationsmanagement[149], Diversifikation[153].

[150] vgl. Abschnitt "Markenführung - Co-Branding - Testimonial", Seite 148ff
[151] vgl. Abschnitt "Netzwerke", Seite 138ff
[152] vgl. Abschnitt "Auslandsvermarktung - Internationalisierung", Seite 93ff
[153] vgl. Abschnitt "Diversifikation", Seite 91ff

Diversifikation

Stabilität

Es gilt, für Hannover 96 Diversifizierungs-Strategien zu entwickeln, die das Risiko des Werteverlustes der Marke Hannover 96 begrenzen. Dazu gehören insbesondere innovative Produkte zur Nutzung der Marke[154].
"Die Marke ist zurzeit noch stark bezogen auf das Produkt Fußball", das sagte Martin Kind[155], als 96 noch auf der Erfolgswelle Europa League mit schwamm.
Was aber bedeutete diese Aussage? War mit diesem Satz das gemeint, was man in der Wirtschaft als Diversifikation[156] versteht? Sollte sich die Marke um das vorhandene monostrukturelle Produkt und auf neuen Märkten ausweiten?
Ziel einer Diversifikation ist die Erhöhung von Chancen und/oder der Abbau von Risiken. Spätestens 2011, mit dem (temporären) sportlichen Erfolg, aber auch dem Risiko, dass sich der sportliche Erfolg nicht verstetigen lässt, hätte Hannover 96 eine Diversifikationsstrategie einleiten müssen. Dass das von Martin Kind richtig erkannt wurde, zeigt sich in der Aussage, man brauche eine *"höhere Stabilität auch bei Misserfolgen"*[155].

Sicherlich ist Diversifikation nicht das Allheilmittel, um eine Marke, ein Unternehmen und ein Produkt zum Erfolg zu führen. Aber sie ist ein adäquates Mittel zur Risikodiversifikation in Abhängigkeit vom Korrelationskoeffizienten. Rendite und Risiko stehen in wechselseitiger Abhängigkeit zueinander. Dieser Zusammenhang wird Chance/Risiko-Verhältnis genannt. In Bezug auf ein Profifußballunternehmen kann der sportliche und damit auch der wirtschaftliche Erfolg für die Rendite eingesetzt werden. Dieser steht in einer Wechselbeziehung mit dem Risiko, dem sportlichen und damit dem wirtschaftlichen Misserfolg. Hat man also, wie Hannover 96, eine Monostruktur mit nur einem Produkt, so ist das Risiko eines Misserfolges nicht durch andere Produkte oder andere Märkte zu kompensieren. Es fehlt dann die Stabilität, um Misserfolge wirtschaftlich ausgleichen zu können bzw. um einen Gegenpol zu schaffen, der das gesamtunternehmerische Risiko abfedert und

---

154 vgl. Abschnitt "Markenführung - Co-Branding - Testimonial", Seite 148ff

155 Quelle: HAZ #49: "96, Kalte Liebe" vom 27.02.2016

156 Der Begriff Diversifikation oder Diversifizierung bezeichnet in der Wirtschaftswissenschaft eine Ausweitung von Wahlmöglichkeiten - wikipedia.de

so neue wirtschaftliche und strategische Impulse für das Unternehmen insgesamt und für das Hauptprodukt Profi-Fußball im Besonderen schafft.
Diversifikation kann in drei Formen entstehen:

intern: *Das Unternehmen wächst aus eigener Kraft und entwickelt das Produkt selbst.*

Übernahme: *Ein anderes Unternehmen wird samt den gewünschten Produkten hinzugekauft.*

Kooperation: *Neue Produkte werden mit einem Partner entwickelt. Kooperationen können verschieden intensiv sein, von losen Joint Ventures bis zu strategischen Allianzen und Netzwerken.*[157]

Es werden drei Richtungen unterschieden, in die sich eine Diversifikation ausbreiten kann: horizontal, vertikal und lateral.[158]
Natürlich hätte eine Diversifikationsstrategie allein den sportlichen Abstieg nicht verhindern können. Aber sie hätte den schleichenden Prozess, der ja weit vor dem eigentlichen sportlichen Niedergang begann, in andere Wege leiten, das wirtschaftliche Risiko begrenzen können und somit auch wesentliche Fehlentscheidungen und Fehlentwicklungen, insbesondere personelle, verhindern können.
Von den drei genannten Formen der Diversifikation stellt vor allem die Form der Kooperation ein strategisches Geschäftsfeld dar, um ein Profifußball-Unternehmen auf eine breitere wirtschaftliche und sportliche Basis zu stellen. Das ist zunächst nur ein theoretischer Ansatz. Welche Ansätze für eine Diversifikations-Strategie für Hannover 96 gegeben sein könnten, werden wir nachfolgend darstellen.

Wie ein Unternehmer, nämlich Martin Kind selbst, eine Diversifikations-Strategie umsetzen kann, zeigt der Einstieg des Hörgerätespezialisten KIND in den Brillenmarkt. Das ist ein folgerichtiger Schritt, denn 95 Prozent der Hörgerätekunden sind auch Brillenträger.[159]
Wenn Kind für sein Wirtschaftsunternehmen Diversifikation als Wachstumsfaktor identifiziert hat, warum gilt das Gleiche nicht auch für sein Fußballunternehmen?

---

157 vgl. Abschnitt "Die strategischen Möglichkeiten", Seite 162ff

158 s. auch das Kapitel "Die Ziele von Diversifikation" in: "Quo vadis, Bundesliga? Wie zukunftsfähig ist der Profifußball? Analysen und Visionen am Beispiel Hannover 96" über die Bedeutung von Diversifikation als Masterplan für Hannover 96

159 Quelle: HAZ #137: "Weitsichtige Entscheidung" vom 14. Juni 2016

Auslandsvermarktung – Internationalisierung

Am 3. März 2015 reiste Dirk Dufner, damals noch Sportdirektor von Hannover 96, nach New York. Die Reise sollte seinerzeit eigentlich geheim bleiben. Aber was wollte Dufner in den USA?

> *"Manager Dufner schraubt in Amerika an einem dicken Deal für die Zukunft ...",*

das schrieb BILD Hannover damals.[160] Weiter hieß es von dieser Reise, dass die Roten für den Sommer 2015 ein Trainingslager in den USA planten und auf lukrative Geschäfte dank der Auslandsvermarktung hofften. Auf Rückfrage der BILD-Zeitung bestätigte Dufner:

> *"Ja, es stimmt. Wir haben uns vorgenommen, uns auf dem US-Markt zu positionieren."*

Im Artikel der BILD-Zeitung heißt es dann weiter, auf den US-Markt ließe sich richtig Kohle machen. Trikotverkäufe und Sponsoring könnten Millionen bringen.

> *"Wir arbeiten daran, dass wir das Trainingslager im Sommer in einem anderen Markt machen. China und die USA sind interessant, auch Japan, wo zwei unserer Spieler herkommen."*

So wird Dufner im Kicker[161] zitiert.[162]
Was war das Ergebnis von Dufners Unternehmungen? Nur heiße Luft. Auch diese Episode kann als vertane Chance verbucht werden, die Marke zu stärken und die Erlösbasis zu verbreitern.
Martin Kind weiß aber um die Potenziale, die auch andere Länder im Nachwuchsbereich bieten. So schrieb Kind im Januar 2016 in einem Brief an die Autoren:

> *"Wir wissen, dass der Markt Afrika ein hoch interessanter Fußballmarkt ist. Ich habe Herrn Bader gebeten, ein Konzept zu erarbeiten im Hinblick auf Partnerschaften mit einem oder mehreren Vereinen in Afrika."*

---

160 Quelle: BILD-Hannover: "Dufner Blitzflug nach Amerika" vom 5. März 2015.

161 Quelle: Kicker: "Japan, USA, China: Hannover zieht es weg" vom 20.01.2015.

162 s. auch das Kapitel "Ziele von Diversifikation" in "Quo vadis, Bundesliga? Wie zukunftsfähig ist der Profifußball? Analysen und Visionen am Beispiel Hannover 96" zu den Möglichkeiten, die der US-Markt bietet.

Der weitere sportliche Niedergang Hannovers dürfte dieses Ansinnen aber zerschlagen haben.
Gerade aber der nordamerikanische Markt bietet eine Reihe von Möglichkeiten, denn hier wächst der Fußballmarkt wie kaum irgendwo anders. Die gebildete Baby-Boomer-Generation in den USA schickt ihre Kinder lieber zum Soccer als zum Baseball oder Football. Soccer entwickelt sich zu einer Sportart der Mittelschicht und somit in einem bildungsnahen und finanz- und konsumkräftigen Umfeld, weshalb sich hier erhebliches Merchandising- sowie Werbe- und Sponsoring-Potenzial ergibt.
In den urbanen Zentren wächst, nicht zuletzt auch durch das Internet und das Kabelfernsehen, bei einer neuen Generation das Interesse am internationalen Fußball. In Portland und Seattle überflügelte der Fußball bereits andere Sportarten in der Publikumsgunst.

"Wir haben einen riesigen Markt", sagt George Vecsey, Sport-Kolumnist der New York Times, "*so riesig, dass für guten Fußball reichlich Geld und Aufmerksamkeit übrig ist*"[163]. Ein bemerkenswerter Satz, der zeigt, wie fahrlässig es ist, dieses Potenzial nicht zu nutzen. Und genau das hat Hannover bislang versäumt.
Die verpassten Möglichkeiten zur Auslandsvermarktung haben entscheidenden Einfluss auf die Markenbildung, so u.a. bei der Suche nach Trikotsponsoren. Nach dem Ausstieg der TUI musste Hannover 96 einen neuen Partner suchen, wurde aber nur bei einem regionalen Bauträger fündig. Während die Marke TUI die Marke Hannover 96 nachhaltig stützen und imagefördernd wirken konnte, ist es bei dem neuen Trikotsponsor anders. Dieser profitiert mehr von der Marke 96 als es umgekehrt der Fall ist. Eine solche Partnerschaft ist strategisch für Hannover 96 wenig zielführend.[164]
Mit einer strategischen Erschließung von Auslandsmärkten hätte man auch das Graue-Maus-Image[165] erheblich aufpolieren und dem Standort Hannover[166] neue Internationalität verleihen können – ein Win-win für Unternehmen und Region.

---

163 Quelle: Berliner Zeitung: "Kinder des Kabelfernsehens" vom 8. März 2015

164 s. auch S. 119 ff in "Quo vadis, Bundesliga? Wie zukunftsfähig ist der Profifußball? Analysen und Visionen am Beispiel Hannover 96" über alternative Trikotsponsoren für Hannover mit weit mehr Potenzial

165 vgl. Abschnitt "Die Wahrnehmung: Hannover als graue Maus", Seite 46ff

166 vgl. Abschnitt "Landeshauptstadt Hannover", Seite 165ff

Risikominimierung

Hannover 96 ist wohl der wirtschaftlich gesündeste Absteiger der Bundesliga-Historie. Aber reicht diese Ausgangslage, um den ökonomischen Schaden des Abstiegs abzufedern und einen erforderlichen Neuaufbau zu stemmen? Und was passiert, wenn die Rückkehr in das Oberhaus länger auf sich warten lässt?

Ein Abstieg aus der Eliteliga ist mit erheblichen Risiken behaftet. Für einen erfolgreichen Neuaufbau sind ökonomische Strategien erforderlich, um neue Entwicklungen und Stabilität einzuleiten. Der Abstieg als Chance? So einfach ist das nicht. Ein erster Schritt, um den Abstieg tatsächlich als Chance zu ergreifen, ist, einen Blick zurück zu werfen und zu analysieren, wie man in diese Lage kommen konnte. Fehlt so eine grundlegende Analyse, bleibt das Risiko, das Grundübel als Bestandteil eines Neubeginns fortzuschreiben.

Deshalb kann es beim Projekt Wiederaufstieg auch nicht allein darum gehen, den sportlichen Wiederaufstieg zu planen. Es muss zudem die ökonomische Plattform geschaffen werden, die so einen Wiederaufstieg begleiten muss und für die erforderliche Stabilität und eine zukunftsorientierte Unternehmenspolitik und Produktenwicklung sorgt. Nimmt Hannover 96 die Aufgabe Wiederaufstieg ernst, muss sich das Unternehmen zu einem globalen Business[167] entwickeln. Das bedeutet, dass die wirtschaftlichen Risiken eindeutig identifiziert und analysiert werden müssen, auch vergangenheitsbezogen.

Dazu gehören kapitalmäßige Risiken sowie das Risiko für die Marke als einer der zentralen Wertdeterminanten. Entscheidend ist es, ein Konzept zu entwickeln, das die Komponenten Diversifizierung[168] des Kapitals und Verringerung des Unternehmensrisikos beinhaltet. Es muss auf einen Mix aus Investitionen in Beine und Steine gesetzt werden.

Des Weiteren sollte überlegt werden, wie Risiken aus dem Spielbetrieb und dem Geschäftsbetrieb abgesichert werden können. Ein Beispiel wäre eine Absicherung nach Art der D&O-Versicherung (Directors-and-Officers-Versicherung, auch Organ- oder Manager-Haftpflichtversicherung) – eine Vermögensschadenhaftpflichtversicherung also, die ein Unternehmen für seine Organe und leitenden Angestellten abschließt. Vom Versicherungsschutz erfasst sind in der Regel alle Organe (Vorstand, Geschäftsführung, Aufsichtsrat, Beirat u. ä.) und leitenden Angestellten (Prokuristen) einer Gesellschaft,

---

167 vgl. Abschnitt "Auslandsvermarktung – Internationalisierung", Seite 93ff

168 vgl. Abschnitt "Diversifikation", Seite 91ff

die die Sorgfalt eines ordentlichen und gewissenhaften Geschäftsleiters zu erfüllen haben. Die Deckung besteht bei Sorgfaltspflichtverletzungen ohne Vorsatz bzw. wissentlicher Pflichtverletzung im Innen- oder Außenverhältnis. Ersetzt werden normalerweise alle Vermögensschäden (hier also solche Schäden, die durch einen sportlichen Abstieg entstehen), die während der Versicherungsperiode verursacht werden.
Auch wenn für das Profifußballgeschäft weitere Kriterien zu berücksichtigen sind, so wäre eine solche Absicherung des Risikos, das durch definierte Fehlleistungen eintreten kann und zu Vermögensverlusten durch das Nichterreichen von außerordentlichen sportlichen Zielen bzw. durch einen Abstieg führt, eine ökonomische Absicherung. Aus der Vergangenheit sollte Hannover 96 gelernt haben, dass es Gründe genug gibt, sich gegen Fehlleistungen leitender Angestellten abzusichern.
Dass ungewöhnliche Versicherungen, die das sportliche Risiko eines kommerziellen Fußballunternehmens absichern, bereits bestehen, zeigt der BV Borussia Dortmund. Der BVB sichert sich seit 2012 gegen Einnahmeverluste ab, die durch ein Nicht-Erreichen der Champions League entstehen. Und die Investition hat sich für den Klub rentiert, griff die Versicherung doch nach der enttäuschenden Saison 2014/15, in der nur die EURO-League erreicht werden konnte.[169] Das ist ein gutes Beispiel für eine vorausschauende, zukunftsweisende und kreative Entscheidung eines innovativen Profifußballunternehmens.
Tom Mitchell, Direktor der Sportrisq Capital Ltd., London, sagte zu solchen Versicherungen:

> *"Es wird ein Trendthema – im Fußball, wie in jedem anderen Geschäft müssten sich die Aktionäre und Eigner der Klubs gegen Risiken absichern."*[169]

Bei der Risikoanalyse und der Risikominimierung muss man über den Tellerrand hinausschauen und Optionen prüfen, die der Welt des Fußballs (noch) fremd sind. Es muss das vermeintlich Unmögliche gedacht werden. Damit das gelingen kann, braucht es die richtigen Köpfe im Unternehmen. Dass Hannover 96 hier Defizite hat, konnte bereits aufgezeigt werden – es bleibt zu hoffen, dass aus den Fehlern der Vergangenheit gelernt wurde und die richtigen Weichen für den Wiederaufstieg, auch in Sachen Innovationsfähigkeit, gestellt werden.

---

[169] Quelle: DIE WELT KOMPAKT: "Umstrittene Versicherung bringt BVB Millionen" vom 24. April 2015

Die Entscheidungsträger

Der Präsident - Martin Kind

In den Medien, in Internet-Foren und Blogs, an den Stammtischen und am Arbeitsplatz wird der Niedergang von Hannover 96 heftig und emotional diskutiert. Immer wieder kommt man dabei zu dem Ergebnis: Schuld an der Misere sind die gravierenden personellen Fehlentscheidungen, die auf die Ära Schmadtke folgten. Und als Hauptschuldiger hierfür wird schnell Martin Kind ausgemacht. Ist das alles wirklich so einfach?

Wir meinen: Diese Antwort ist zu eindimensional und trifft bei weitem nicht den Kern der Probleme, die Hannover 96 wieder zurück in die 2. Liga geführt haben. Zwar polarisiert die Person des Präsidenten. Aber indem man versucht, ihn als Alleinschuldigen auszumachen, wird man der Sache nicht gerecht. Das haben die Erklärungen der vorangegangenen Abschnitte bereits gezeigt. Die personellen Fehlentwicklungen bei Hannover 96 haben den Prozess des Abstiegs zwar vorangetrieben. Aber man muss, so meinen wir, durchaus differenzieren zwischen Fehlentscheidungen und Fehlentwicklungen.

Dass er Fehler bei Personalentscheidungen gemacht hat, sieht Martin Kind durchaus selbstkritisch:

> *"Ich habe Personalentscheidungen getroffen, die sich als schwierig dargestellt haben."*[170]

Entscheidend sind aber die Fehlentwicklungen, die sich aus diesen Personalentscheidungen ergeben haben, und hier spielen systemimmanente Einflüsse[171] eine Rolle.

Aber nicht alle Personalentscheidungen wurden eigenmächtig, wie vielfach unterstellt, von Martin Kind getroffen, sondern in den meisten Fällen waren der Aufsichtsrat oder die Gesellschafter mit eingebunden:

> *"Vor der Berufung von Herrn Bader gab es eine Meinungsbildung. Eine Entscheidung, die wir gemeinsam getroffen haben."*[172]

Das bedeutet aber auch, dass hinter diesen Entscheidungen die bei Hannover 96 vorhandene Unternehmerexpertise stand.

---

170 Quelle: Neue Presse: "Kind: 'Wir müssen wieder direkt aufsteigen'" vom 16. Mai 2016

171 vgl. Abschnitt "Sportgeschäftsführer - Sportdirektoren - Trainer", Seite 100ff

172 vgl. Abschnitt "Unternehmer", Seite 40ff

Ob Kind mit dieser Entscheidung tatsächlich glücklich ist, bleibt einmal dahingestellt. Aber Aussagen wie:

> *"Der Abstieg war nicht notwendig, die Chance war größer als 50 Prozent. Wir hatten alle Chancen im Winter, haben sechs Spieler verpflichtet und viel Geld in die Hand genommen. Wir hatten einen Punkt Rückstand jetzt sind es zehn"*[173]

lesen sich eigentlich wie eine deutliche Kritik an dem Geschäftsführer Sport und dem sportlichen Leiter.
Hinzu kommt, dass es aufgrund der Reputation[174] für Hannover 96 und damit für Martin Kind äußerst schwierig ist, überhaupt geeignete Kandidaten zu finden:

> *"Es gab Gespräche mit verschiedenen Kandidaten. Einige haben von sich aus abgesagt. [...]"*[175]

Dieses Problem bestand auch schon in der Vergangenheit bei dem Versuch, Wunschkandidaten für die sportliche Führung zu verpflichten: Renè C. Jäggi sollte 2006[176] als Nachfolger von Ilja Kaenzig kommen, Jan Schindelmeiser[174] für Jörg Schmadtke 2013 und auch als Nachfolger von Dirk Dufner 2015 – beide Kandidaten sagten Hannover 96 jeweils von sich aus ab.
Die operativen Entscheidungen bei der sportlichen Produktentwicklung werden nicht von Martin Kind verantwortet, auch wenn dieser die Entscheidungen kommuniziert. Kind betonte immer wieder, dass ihm für die sportfachliche Beurteilung die Kompetenz fehle. Hier war und ist er auf die Zuarbeit der verantwortlichen Führungskräfte für den operativen sportlichen Bereich angewiesen.
Ganz entscheidend, und somit auch wesentlicher Bestandteil in der deterministischen Prozesskette des Abstiegs, ist in diesem Zusammenhang die Reputation als Arbeitgeber[174] und auch das Image der Landeshauptstadt Hannover[177]. Beides erschwert es, die besten Köpfe für den Klub zu gewinnen. Ein Grund für personelle Fehlentwicklungen ist aber auch, dass man

---

173 Quelle: HAZ #79: "Schaaf ist weg – und wer muss noch gehen?" vom 5. April 2016.

174 vgl. Abschnitt "Reputation als Arbeitgebermarke", Seite 50ff

175 HAZ: "Kind: 'Wir müssen wieder direkt aufsteigen'" vom 16. Mai 2016

176 vgl. Abschnitt: Die Fehlentwicklung - Ilja Kaenzig, Juli 2004 – November2006, Seite 56ff

177 vgl. Abschnitt "Landeshauptstadt Hannover", Seite 165ff

immer wieder versucht, nur Köpfe aus dem Umfeld der Bundesliga zu verpflichten.[178]
Es wäre an der Zeit, andere Wege zu gehen, um mit dem neuen Führungspersonal Stabilität, Kontinuität, Qualität, Struktur und Visionen in den Verein zu bringen. Das gelingt nicht mit 1B-Personal.

---

178 vgl. Abschnitt "Führungsstruktur - Personalien", Seite 150ff

Sportgeschäftsführer – Sportdirektoren – Trainer

Die während des Abstiegsprozesses in der Verantwortung stehenden und handelnden Personen bei 96 gehörten zu einer Klientel, die aus einem System entstammen, das wir als geschlossenes System Bundesliga bezeichnen wollen. Damit ist gemeint, dass die sogenannten Manager innerhalb des Systems Bundesliga immer wieder rotieren. Die nachfolgende Tabelle listet alle für die sportliche Leitung verantwortlichen Personen der 18. Bundesligaklubs der Spielzeit 2015/16 auf.

Tabelle 9: Sportfunktionsträger

Name	Verein	Funktion	seit	vorheriger Verein	Funktion	Stollenträger
Matthias Sammer	Bayern München	Sport-Vorstand	07/2013	DFB	Sportdirektor	ja
Hans-Joachim Watzke	Borussia Dortmund	Geschäftsführer	02/2005	BVB	Schatzmeister	nein
Michael Preetz	Hertha BSC	GF Sport	06/2009	Hertha BSC	Assistent GL	ja
Christian Heidel	Schalke 04	Sport-Vorstand	07/2016	Mainz 05	Vorstandsmitglied	nein
Horst Heldt		Vorstandmitglied	03/2011 - 06/2016	VfB Stuttgart	Sport-Vorstand	ja
Max Eberl	Boussia M-Gladbach	Sportdirektor	10/2008	Borussia MG	Nachwuchskoordinator	ja
Rudi Völler	Bayer Leverkusen	Sportlicher Leiter	01/2005	DFB	Teamchef	ja
Michael Schade		Geschäftsführer	07/2013	kein Profisportbereich		nein
Rouven Schröder	FSV Mainz 05	Sportlicher Leiter	04/2016	Werder Bremen	Direktor Profifußball	Amateur
Klaus Allofs	VfL Wolfsburg	Geschäftsführer	11/2012	Werder Bremen	Vorsitzender GF	ja
Jörg Schmadtke	1. FC Köln	GF Sport	07/2013	Hannover 96	GF Sport	ja
Thomas Linke	FC Ingolstadt 04	Sportdirektor	11/2011	RB Leipzig	Sportlicher Leiter	ja
Robin Dutt	VfB Stuttgart	Sport-Vorstand	01/2015-05/2016	Werder Bremen/DFB	Trainer / Sportdirektor	Amateur
Peter Knäbel	HSV	Direktor Profifußball	10/2014 - 05/2016	Schweiz	Technischer Direktor	ja
Bernhard Peters		Sportdirektor	08/2014	TSG 1899 Hoffenheim	Berater	nein
Tom Eilers	Darmstadt 98	Sportlicher Leiter	07/2006	kein Profisportbereich		2. Liga
Frank Baumann	SV Werder Bremen	Geschäftsführer	05/2016	Werder Bremen	Direktor Profifußball	ja
Thomas Eichin		Geschäftsführer	02/2013 - 05/2016	Kölner Haie-Eishockey	Geschäftsführer	ja
Stefan Reuter	FC Augsburg	GF Sport	01/2013	TSV 1860 München	Sportlicher Leiter	ja
Frank Briel	TSG 1899 Hoffenheim	Geschäftsführer	05/2010	kein Profisportbereich		nein
Alexander Rosen		Direktor Profifußball	04/2013	TSG 1899 Hoffenheim	Leiter Nachwuchsabteilung	2. Liga
Fredi Bobic	Eintracht Frankfurt	Sportvorstand	6/2016	VfB Stuttgart	Vostand Sport	ja
Martin Bader	Hannover 96	GF Sport	10/2015	1. FC Nürnberg	Sportvorstand	nein

Quelle: eigene Auswertung

Diese Auflistung zeigt, dass 20 Personen als verantwortliche Sportfunktionsträger bereits bei einem oder mehreren anderen Klubs gearbeitet haben und innerhalb der 1. bzw. 2. Liga, DFB oder anderer Verbände gewechselt haben. Nur drei der Funktionsträger kommen aus Bereichen außerhalb des Profifußballs. Hinzu kommt, dass 15 dieser Sportvorstände, Geschäftsführer, Sportdirektoren oder sportliche Leiter sogenannte Stollenträger, also ehemalige Fußballprofis, waren.

Mit einer solchen Konstellation kann kaum Know-how- und Human-Ressourcen-Transfer aus anderen Bereichen der Wirtschaft stattfinden. Im Wesentlichen beziehen diese Funktionsträger ihr Wissen aus dem, global

gesehen, in sich geschlossenen Aktions-Radius des Profifußballgeschäftes. Zwar gibt es inzwischen ein breites wissenschaftliches und akademisches Fundament und eine theoretische Plattform, die Organisationsformen und betriebswirtschaftliche Funktionen für Profifußballunternehmen beschreiben und vermitteln. Doch in den Studien- und Weiterbildungsinstitutionen kann über den Profisportbereich hinaus kaum ein Praxisbezug zu allgemeinen Wirtschaftsbereichen, insbesondere zu personen- oder sachbezogenen Dienstleistungen oder prozess- und konsumorientierten Produktionsbetrieben, vermittelt werden. Es fehlt somit auch an einer Know-how-Symbiose, die den Protagonisten aus dem Profisportbusiness auch andere Lebens- und Erfahrungsinhalte vermitteln würde. Eine breite Basis an Multifunktionalität ist eine Voraussetzung für erfolgsorientiertes Handeln, für erfolgsorientierte Strategieentwicklung und für eine erfolgsorientierte Entscheidungsfindung.
Durch die Rotation der Akteure auf den Chefsesseln der Sportverantwortung innerhalb des geschlossenen Systems Bundesliga werden nur bekannte Entscheidungsformen, bestehende Netzwerke und Seilschaften und damit auch bestehende Dogmen und Binsenweisheiten aus dem Bundesligageschäft transportiert statt Erneuerung zu schaffen. Es bleibt auch bei dem gleichen unreflektierten Handeln, das auf Routine und bekannten Abläufen beruht. Im allgemeinen Sprachgebrauch wird so etwas auch als Betriebsblindheit bezeichnet.
Auch wenn Martin Kind hierzu ausführt,

> *"Leute, die sagen, das haben wir immer so gemacht, haben bei mir verloren. Denen sage ich, dann haben wir immer auch etwas falsch gemacht."*[179]

so entspricht diese Vorstellung wohl mehr dem Wunsch als der Wirklichkeit im Profifußballgeschäft.
Es gibt auch noch einen anderen Ansatz, der diesen Zustand, wie er im System Bundesliga besteht, beschreibt, nämlich das *Law of the instrument*[180]. Gemeint ist damit, dass Menschen, die mit einer Vorgehensweise oder einem Werkzeug gut vertraut sind, dazu neigen, dieses Instrument auch dann zu benutzen, wenn ein anderes Instrument wesentlich geeigneter wäre.
Sicherlich lässt sich aus diesen Feststellungen keine grundsätzliche Beurteilung der jeweiligen Protagonisten und deren mehr oder weniger erfolgrei-

---

179 Quelle: Neue Presse Hannover: "Kind: 'Wir müssen wieder direkt aufsteigen'" vom 16. Mai 2016.

180 engl. für "Gesetz des Instruments", auch: "Maslows Hammer".

chen Arbeitsweisen ableiten. Aber es zeigt sich doch vermehrt, dass die bekannten Vorgehensweisen dieser Personen kaum noch zu Erfolgen führen. Beispiele hierfür sind aktuell die Entlassung von Peter Knäbel beim HSV, Thomas Eichin bei Werder, Robin Dutt beim VfB Stuttgart und von Horst Heldt bei Schalke. Bereits in unserem Buch "*Quo vadis, Bundesliga? Wie zukunftsfähig ist die Bundesliga? Analysen und Visionen am Beispiel Hannover 96*" haben wir die Generation Direktor beschrieben und auch darauf verwiesen, dass ihre Erfolge äußerst limitiert sind.

Wie paradox '*erfolgreich*' das System funktioniert, zeigt einmal folgende Job-Kette:

> *Robin Dutt von 08/2012 bis 05/2013 Sportdirektor DFB - von 07/2013 bis 10/2014 Chef-Trainer Werder Bremen - entlassen von Sportdirektor Eichin - von 01/2015 Vorstand Sport VfB Stuttgart - 05/2016 dort entlassen - 05/2016 - Eichin in Bremen ebenfalls entlassen. Eichin dann ab 06/2016 Sportdirektor bei TSV München 1860 als Nachfolger von Oliver Kreuzer, der wiederum seinerzeit am 14. Juli 2014 beim Hamburger Sportverein entlassen wurde - dessen Nachfolger beim HSV Peter Knäbel wurde im Mai 2016 dort ebenfalls entlassen.*

Sämtliche Funktionsträger entstammen dem System Bundesliga.

Hire and fire and last but not least fire and hire - und alle bleiben dem System erhalten.

Sämtliche Sportverantwortliche bei Hannover 96 kamen ab 2009, also während des Abstiegsprozesses, aus diesem geschlossenen System: Schmadtke, Dufner, Bader, Möckel. Alle sind darüber hinaus in Unfrieden bei ihren vorherigen Arbeitgebern ausgeschieden - Schmadtke in Aachen bei der Alemannia, Dufner beim SC Freiburg und auch Bader hat beim 1. FC Nürnberg verbrannte Erde hinterlassen.

Die Ära Schmadtke

Jörg Schmadtke, Geschäftsführer Sport von Juli 2009 bis Juni 2013

Die Ära Schmadtke wird von den meisten Anhängern immer noch als die erfolgreichste in der Bundesligageschichte von Hannover 96 bezeichnet. Sportlich ist das sicherlich richtig. Aber war es auch die Ära, die erfolgreich für die Zukunft des Unternehmens war? Um Schmadtkes Zeit bei Hannover zu bewerten, ist eine differenzierte Betrachtung notwendig. Wurden alle strategischen Möglichkeiten genutzt, die diese Ära bot? Hat Schmadtke das Unternehmen tatsächlich in den Mittelstand der Liga geführt?
Jörg Schmadtke war zunächst als Sportdirektor von Hannover 96 tätig. Am 18. März 2011 wurde sein befristeter Vertrag in einen unbefristeten umgewandelt, außerdem wurde er zum Geschäftsführer Sport berufen. Mit seinem Amtsantritt im Juni 2009 sollte die Zukunft bei Hannover 96 beginnen. Sieben Jahre war man nun bereits wieder in der Bundesliga und pendelte immer zwischen dem unteren Mittelfeld und den Abstiegsrängen hin und her.

Doch die erste Saison unter Schmadtkes Verantwortung ging in die Hose. Zwar war diese Saison auch durch den Tod von Robert Enke geprägt, aber dennoch muss man feststellen, dass es keinen sportlichen Fortschritt gab.
Mit dem Jahresabschluss 2008 der Hannover 96 GmbH & Co. KGaA wurde über die Ziele für die weitere Entwicklung des Unternehmens folgende Verlautbarung veröffentlicht:

> *"Künftig soll die Etablierung in der oberen Tabellenhälfte sowie das Erreichen eines internationalen Wettbewerbs im Fokus stehen, damit kontinuierlich eine Struktur entstehen kann, die auch auf internationaler Bühne bestehen kann. Mit Dieter Hecking wurde erstmals ein Trainer langfristig an den Verein gebunden, um mittelfristig planvoll die Qualität der Mannschaft zu verbessern."*[181]

Das bedeutete für Schmadtke, Strukturen schaffen zu müssen, die eine Etablierung in der oberen Tabellenhälfte auch realisierbar machten. Eine solche Struktur war in der Saison 2009/10 überhaupt noch nicht zu erkennen. Ein Versäumnis, das sich noch langfristig auswirken würde.
Aber zunächst wurde diese fehlende Struktur von einem Erfolg überdeckt, mit dem niemand wirklich gerechnet hatte: Dem Erreichen von Platz 4 in der Abschlusstabelle der Saison 2010/11 und der Qualifikation für die UEFA Europa League. Ein Erfolg, der aus heiterem Himmel kam und Schmadtke,

---

181 Quelle: Bundesanzeiger.de

Trainer Slomka und die Anhänger des Vereins in Euphorie versetzte. Ein Erfolg, der viele Zufallsfaktoren beinhaltete, aber auch auf ein außerordentlich glückliches Händchen bei den Transfers zurückzuführen war. Nur eins war dieser Erfolg nicht: Er war nicht aufgrund einer kontinuierlichen und stabilen Struktur entstanden.

Es waren Einzelscheidungen, die aus dem Tagesgeschäft heraus getroffen wurden, und es war eine große Motivations- und Taktiklage, die der Trainer in dieser Situation umzusetzen verstand, die den Erfolg möglich machten. Für die Fans und Anhänger war es egal, worauf dieser Erfolg beruhte. Für das Unternehmen Hannover 96 wäre es aber entscheidend gewesen, sich von solchen Erfolgen nicht blenden zu lassen und die Realitäten im Auge zu behalten.

Ein solcher Erfolg kann sportlichen Nachhall haben, zumal mit dem Personal auch in der Saison 2011/12 weitergearbeitet werden konnte und von insgesamt neun Transfers zwei einschlugen. Man erreichte so über den 7. Tabellenplatz erneut die Qualifikation zur UEFA Europa League. International konnte man aber nicht mehr so erfolgreich sein wie in der Vorsaison, als man das Achtelfinale erreichte.

So schön diese sportlichen Erfolge auch waren: Über sie wurde vergessen, dass eine strukturierte Etablierung im oberen Mittelfeld der Bundesliga nicht stattgefunden hatte. Schmadtke und die weiteren Verantwortlichen versäumten es, diese sportlichen Erfolge zu nutzen, um ein zukunftsfähiges Konzept für Hannover 96 zu entwickeln. Ab hier hätte nicht mehr gelten dürfen, dass das Tagesgeschäft die Unternehmenspolitik bestimmt, hier war der Zeitpunkt, zu dem klare und eindeutige Entscheidungen hätten getroffen werden müssen, die Strukturen hätten erkennen lassen. Mit diesen Erfolgen hätte Schmadtke die Unternehmenspolitik entscheidend beeinflussen müssen. Was aber fehlte war ein Masterplan.[182]

Und so kam es, wie es kommen musste. Als die Erfolge in der Saison 2012/13 ausblieben, begann man, sich in persönlichen Befindlichkeiten aufzureiben, anstatt sich den eigentlichen unternehmensstrategischen Aufgaben zu stellen. Geprägt wurde diese Zeit von einem gewissen Beziehungschaos. Mal hieß es, so im April 2012, dass sich Klub und Sportchef trennen werden. Zu einer Trennung kam es nicht, dafür gewährte Kind Schmadtke ab Juni 2012 – mitten in der Saisonvorbereitung – eine elfwöchige Auszeit. Als Begründung wurden private Probleme angegeben.

---

182 vgl. Abschnitt "Masterplan", Seite 70ff

Schmadtke zeigte in dieser Situation wenig Führungsstärke und kein klares Konfliktmanagement, um die persönlichen Auseinandersetzungen mit Trainer Slomka, die immer mehr in die Öffentlichkeit traten, zu beenden. Er hätte das Problem als Vorgesetzter und sportlich Verantwortlicher souverän lösen müssen, auch gegen die Meinung von Martin Kind. Und er hätte dann klar zu den Entscheidungen stehen müssen, die er getroffen hätte, auch in der Öffentlichkeit.
Es ist bezeichnend, dass Schmadtke bei allem Gespür für Transfers wesentliche Führungseigenschaften fehlten, etwa Führungsstärke und Visionen, um Konzepte für die Zukunft zu entwickeln, sowohl sportlich als auch ökonomisch. Schmadtke war der Sportverantwortliche, der mit fast vier Jahren die längste Zeit diesen Posten bekleidete. Trotzdem ist es ihm nicht gelungen, den Verein in dieser Zeitspanne zukunftsfähig zu machen bzw. Strukturen zu schaffen, die eine Etablierung in der oberen Tabellenhälfte ermöglicht hätten. Er hätte als der Planer[183] auftreten müssen, denn auch Erfolg ist zu einem gewissen Teil planbar.[184]
Neben unbestritten geglückten Transfers wie Didier Ya Konan, Ron-Robert Zieler oder Mohammed Abdellaoue verantwortete Schmadtke auch Flops wie den Transfer von Franca. Geholt für 1,3 Millionen Euro, kam der Brasilianer nie auf einen Bundesligaeinsatz. Und eine weitere kuriose Geschichte verbindet sich mit diesem Transfer Schmadtkes: Erst nach der Ankunft des Südamerikaners beim damaligen Bundesliga-Zehnten hatte sich herausgestellt, dass der 21-Jährige nicht wie vorher publiziert 1,90 m groß, sondern acht Zentimeter kleiner war. Schmadtke:

> *"Wir hatten drei unterschiedliche Internetquellen mit identischer Größenangabe. Es gab keinen Grund, die anzuzweifeln. Ich habe mich deshalb bei Franca öffentlich entschuldigt."*[185]

Die Verpflichtungen von Lars Stindl und Mame Dioufe können wiederum auf der Habenseite von Schmadtkes Bilanz verbucht werden. Allerdings: Bei diesen Spielern lassen sich entscheidende Fehler beim Vertragsmanagement nachweisen, sodass sie bei ihrem Weggang von 96 nicht die erhofften – und für eine erfolgreiche Arbeit des Vereins notwendigen – Transfererlöse erzielten. Während Dioufe bei einem Marktwert von 11 Mio. Euro[186] den Verein

---

[183] vgl. Abschnitt "Masterplan", Seite 70ff

[184] vgl. Abschnitt "Der geplante Fußball", Seite 68ff

[185] Quelle: Focus-Online: "Franca-Transfer: Schmadtke räumt Fehler ein" vom 6. Februar 2013.

[186] Quelle: transfermarkt.de

ohne Ablösesumme verließ, wurden bei Stindl eine fixe Ablöse von 3 Mio. Euro festgeschrieben, bei einem Marktwert von 8,5 Mio. Euro.[187]
Im April 2013 sollte die Episode Schmadtke–Hannover 96 ein endgültiges Ende finden. Angeblich war der Dauerstress zwischen Schmadtke und Trainer Slomka der Grund für den Wunsch Schmadtkes auf Vertragsauflösung.

Zwar können Antipathien zwischen zwei Personen vorkommen, für Schmadtke lässt sich hier allerdings ein Muster feststellen. Nach seinem Abgang in Hannover bewarb er sich auf den Posten des Sportschefs beim Hamburger SV. In einem Casting begutachtete der Aufsichtsrat verschiedene Kandidaten. Statt eines Engagements folgte ein öffentlicher Streit. Aufsichtsrat Jürgen Hunke kritisierte den Auftritt Schmadtkes. Er soll während des Termins keinerlei Interesse gezeigt und kein Gespräch mit den Aufsichtsratsmitgliedern gesucht haben. Schmadtke antwortete scharf: Er warf Hunke mangelnde Beteiligung bei der Fragerunde vor und kam grundsätzlich zu dem Ergebnis, dass der Hamburger SV über keine professionellen Strukturen verfüge. Den Auftritt von Jörg Schmadtke beim Sportdirektoren-Casting des Hamburger SV beschrieb Jürgen Hunke drastisch:

> *"'Er saß nur da, schaute uns nicht an und blätterte in seinen Unterlagen', spottete der HSV-Aufsichtsrat."*[188]

Lange zuvor endete Schmadtkes siebenjährige Tätigkeit in Aachen 2008 unschön. Zu Saisonbeginn hatte sich Schmadtke mit dem Klub auf eine Vertragsauflösung zum Ende der Spielzeit geeinigt. Entgegen der Absprache veröffentlichte er dies, der Verein entließ ihn sofort.
Zusammenfassend lässt sich sagen, dass Schmadtke zwar mit einigen Transfers zu dem zwischenzeitlichen sportlichem Hoch von Hannover 96 beitrug. Andererseits konnte aber auch er keine Nachhaltigkeit, Stabilität und Kontinuität in der sportlichen Leistungserstellung bewirken oder ein Konzept für die Zukunftsfähigkeit von Hannover 96 entwickeln.
Somit meinen wir auch, dass in der Ära Schmadtke die größte Chance verpasst wurde, Hannover 96 eine Struktur für die Zukunft zu verschaffen, obwohl durch die mehr oder weniger zufälligen sportlichen Erfolge gerade die besten Voraussetzungen dafür vorlagen. Hätte man zu diesem Zeitpunkt bereits ein tragfähiges Konzept gehabt, so wie es im Jahresabschluss 2008 des Unternehmens beschrieben wurde, dann hätte man diese Erfolge auch nachhaltig verstetigen können. Blauäugig scheint man davon ausgegangen

---

187 Quelle: transfermarkt.de

188 Quelle: Kicker-Online: "Mich ärgert, dass ich mich blenden ließ" vom 7. Juni 2013.

zu sein, dass es offensichtlich auch ohne Struktur in der Bundesliga und in Europa nach oben geht. Eine katastrophale Fehleinschätzung.
Außer den wunderbaren sportlichen Erlebnissen, die die Anhänger genießen durften, ist von der Ära Schmadtke nur ein kontinuierlicher Niedergang geblieben. Nach unserer Analyse begann der schleichende Abstiegsprozess mit der ersten Amtszeit Schmadtkes im Jahr 2009, als es nicht gelungen ist, die formulierten Unternehmensziele in ein tragfähiges Korsett zu gießen.

Das Missverständnis Dufner

Dirk Dufner, Sportdirektor vom 23. April 2013 bis 31. August 2015

"Bei Hannover 96 anzufangen ist etwas Großartiges für mich", das sagte Dufner laut HAZ bei seinem Amtsantritt im April 2013.[189] Seine Bilanz nach zwei Jahren Arbeit lässt sich nur als unterirdisch bezeichnen und ist mit keinem seiner Vorgänger, nicht einmal mit dem umstrittenen Ricardo Moar, zu vergleichen. Dirk Dufner wurde zum Spiritus Rector des Abstiegs. Er stellte den Kader zusammen, mit dem der Abstiegsprozess schließlich vollendet wurde. Dirk Dufner stand von Beginn seiner Tätigkeit für Abstiegskampf. Er ist das Synonym für die Beschleunigung des Abstiegsprozesses und für die Existenzangst bei Hannover 96 und seinen Anhängern. Hinzu kommt, was man nur als Desinteresse an der Nachwuchsleistungsausbildung und dem Nachwuchsleistungszentrum bezeichnen kann.
Als zu Beginn der Spielzeit 2013/14 den Fans die neue Mannschaft vorgestellt wurde, wurde auch Dirk Dufner als der neue Sportdirektor präsentiert. Damals bejubelten einige Tausend Fans den neuen Hoffnungsträger. Als der Erfolg ausblieb und sich der sportliche Abstieg fortsetzte, wurde er von denselben Fans mit Schimpf und Schande von dannen gejagt.
Die Arbeit Dufners bei 96 war begleitet von einer Reihe von Missverständnissen. Es begann damit, dass er sich in der Öffentlichkeit und den Medien einige Fauxpas erlaubte, so seine unsägliche Schiedsrichterschelte in der Halbzeit des Spiels gegen die TSG 1899 Hoffenheim am 26.10.2013 oder seine vorsätzliche Falschinformation über eine Verletzung von Steven Cherundolo gegenüber der Presse.
Im Juli 2013 schrieb Dufner in einem Brief an die Autoren u.a.:

> *"[...] Auch wenn es an manchen Stellen im heutigen Fußballbusiness so scheint, als ob es nur noch den materiellen Erfolg gebe und es keine emotionalen Verbindungen zwischen Trainer-Klub-Mannschaft-Fans be-*

---

189 Quelle: HAZ #71: "Sehnsucht nach dem Diamantenauge" vom 25.03.2015.

stünden, so sind wir der Meinung, dass diese sehr wohl Bestand haben und es auch wert sind zu schützen und zu fördern. [...] Der Trainer ist eine wichtige Identifikationsfigur für viele Fans und steht als Ansprechpartner und Repräsentant des Vereins ständig in der ersten Reihe. Mirko Slomka ist Hannoveraner und als solcher für unsere Fans von immenser Bedeutung. [...]"

Wenige Wochen später wurde Slomka dann von Dufner gefeuert.

Wie unkritisch die Presse die Arbeit von Dufner teilweise beurteilte, zeigt ein Beispiel, das nicht aus der Region Hannover stammt:

> *"Wenn Dirk Dufner Ende des Monats seine Managertätigkeit in Hannover aufgibt, bekommt er das, womit lange keiner gerechnet hat: einen ordentlichen Abschied. Er geht von sich aus, und er geht, nachdem er in der noch laufenden Transferperiode solide Arbeit geleistet hat: Dufner hat für den in Hannover enttäuschenden Joselu acht Millionen Euro erwirtschaftet (Anm.: Er hatte aber auch 5 Mio. Euro ausgegeben), er hat mit Freiburgs Oliver Sorg und Felix Klaus zwei entwicklungsfähige Spieler verpflichtet und das Team verjüngt. Dufner hat somit sein Image in Hannover als glückloser Manager ein wenig zurechtgerückt."*[190]

Und noch ein Beispiel, wie sich die Presse irren kann. Ein Artikel der BILD-Zeitung, der folgende 'Liebeserklärungen' an Dufner enthält:

> *"Trotz der fehlenden Rückendeckung machte Dufner professionell weiter und stellte den Kader für die neue Saison zusammen. Stark, wie er für Krisen-Stürmer Joselu (Stoke) noch 8 Mio Euro Ablöse ausgehandelt hat. Dank seiner Kontakte wechselte Frankreichs Super-Talent Allan Saint-Maximin für zwei Jahre zu 96. Die neue Mannschaft trägt Dufners Handschrift. Sie ist stark verjüngt. Spieler wie Sané, Albonorz Marcello oder Sorg besitzen steigenden Wiederverkaufswert."*[191]

Es zeigt auch, wie weit Sportjournalisten, und nicht nur der BILD-Zeitung, von der Realität entfernt sein können. Denn das Angebot für Joselu wurde von Stoke City an Hannover 96 herangetragen, nach Rücksprache mit Kind konnte Dufner es annehmen. Von harten Verhandlungen kann also nicht die

---

[190] Quelle: HNA (Hessische/Niedersächsische Allgemeine): Kommentar zum Rücktritt von Dirk Dufner: Abschied nach viel Gegenwind vom 04.08.2015.

[191] Quelle: BILD-Zeitung: "Dufner weg! Manager-Hammer bei 96" vom 04.08.2015.

Rede sein. Und Allan Saint-Maximin wurde lediglich auf Leihbasis verpflichtet und hat den Verein nach dem Abstieg wieder verlassen.
Dufners Transfers 2013/14 und 2014/15 waren durchwachsen. Die Zusammenstellung des Kaders 2015/16 war dagegen eine einzige Katastrophe. Hinzu kam ein Eklat bei der Suche nach einem Nachfolger für Trainer Mirko Slomka:

> *"Im Dezember 2013 war Hannover 96 auf der Suche nach einem neuen Coach als Nachfolger von Mirko Slomka. 96-Manager Dirk Dufner erzielte dem Bericht zufolge eine Einigung mit Ricardo Moniz. Als dann Vereinsboss Martin Kind einflog, um alles klar zu machen, habe ihn das ungute Gefühl beschlichen, der Niederländer passe nicht zu Hannover. Kind habe nach Kicker-Informationen ein Abstandsgeld für Moniz veranlasst. Heißt: Der Niederländer bekam Geld dafür, NICHT Hannover-Coach zu werden. 96 holte lieber Tayfun Korkut."*[192]

Dass Dufner aus dem Umfeld der Bundesliga stammt, lässt sich an seinem Netzwerk erkennen, das entweder mit dem SC Freiburg (Transfers Sorg, Klaus) oder 1860 München (Anekdote Moniz) verwoben ist. Die Ideen hinter seinen Transfers waren wenig spektakulär, nachhaltig oder wertschöpfend. Einmal abgesehen von dem Transfer von Joselu, der Transfererlöse brachte, produzierte Dufner in seiner Zeit bei Hannover 96 nur Transferverluste, in der Saison 2013/14 in Höhe von 10 Mio. Euro und in der Spielzeit 2014/15 in Höhe von 9,2 Mio. Euro[193]. Diese Transfers waren weder sportlich noch wirtschaftlich erfolgreich, womit auch gleichzeitig ein erheblicher Teil an Zukunftskapital vernichtet wurde. Kurz gesagt: Kapitalvernichtung ohne Wertschöpfung.
Es wäre falsch festzustellen, dass Dufner der Alleinverantwortliche für den Abstieg war, noch war die seinerzeitige Entscheidung für ihn als Sportdirektor eine vorhersehbare Fehlentscheidung. Dufner setzte aber die Fehlentwicklung, die bereits in der Ära Schmadtke durch die fahrlässige Vernachlässigung der Entwicklung einer Zukunftsstrategie eingesetzt hatte, fort. Dufner selbst ist Geschichte, aber die Geschichte, die er bei Hannover 96 geschrieben hat, heißt: Der Weg in den Abstieg. Mit ihm wurde der schleichende Abstiegsprozess dramatisch beschleunigt. Und so wurde Dufner zu einer der traurigen historischen Figuren in der jüngsten Bundesligageschichte von

---

192 Quelle: tz München: "Warum Moniz Geld von Hannover bekam" vom 29.12.2014.

193 Quelle: Transfermarkt.de.

Hannover 96. Wie das aber immer so ist bei derartigen Fehleinschätzungen: Keiner will es gewesen sein.

Vorwärts in die Vergangenheit mit Bader

Martin Bader, Geschäftsführer Sport seit 1. Oktober 2015

Ist der Geschäftsführer Sport bei Hannover 96 vielleicht nur als Grüßaugust oder Marionette eingestellt?
Martin Bader jedenfalls ist von allen Sportvorständen und Sportdirektoren der letzten Bundesliga-Saison - 2015/16 - der erfolgloseste. Mit drei Abstiegen - 1. FC Nürnberg 2008, 1. FC Nürnberg 2014 und Hannover 96 2016 - in einer relativ kurzen Zeitspanne bringt er das Abstiegsgespenst zu seinem neuen Arbeitgeber.
Er selbst bezeichnet sich als "*fußballinfiziert*". Trotzdem gibt er in einem Interview für das offizielle Vereinsmagazin von Hannover 96 "*96 aktiv*", Ausgabe 4/2015 als größte Leidenschaft Golf an.
Eine wirkliche Leidenschaft für Hannover 96, seine Aufgabe bei 96 und für die Region Hannover kann der außenstehende Beobachter nicht erkennen. Bader wirkt pragmatisch, aber leidenschafts- und emotionslos und ohne Begeisterung für die Sache Hannover 96. Bezeichnend hierfür ist u.a. das zuvor bereits genannte Interview im offiziellen Vereinsmagazin: Insgesamt fünfmal erwähnte er seine Tochter, den Namen Hannover 96 jedoch nur zweimal.
Die Landeshauptstadt Hannover ist für ihn allenfalls "*interessant*" und "*überschaubar*", eine emotionale Bindung zu dieser Region drückt sich anders aus. Offensichtlich versteht sich Bader in der Rolle desjenigen, der in Hannover mehr oder eher weniger einen Job zu erledigen hat. Aber reicht das, um einer sportlich gebeutelten Region und einem sportlich gebeutelten Unternehmen entscheidende Impulse zu verleihen und das sportliche Selbstbewusstsein einer ganzen Anhängerschaft zu stärken? So schrieb selbst die doch eigentlich in Sachen 96 meinungstendenzielle HAZ am 25. Februar 2016:

> *"Bei Hannover 96 geht das Abstiegsgespenst um, doch durch die Stadt geht kein Ruck - sogar langjährige Fans reagieren mit Gleichgültigkeit. Warum will keiner mehr kämpfen?"*[194]

---

194 Quelle. HAZ #47: "Niemals allein - das singen immer weniger Fans im Stadion" vom 25. Februar 2016.

Ist es nicht auch eine Aufgabe des sportlichen Managements, die Fans im Emotionssport Fußball an den Verein zu binden, Atmosphäre und Begeisterung zu schaffen? Nicht umsonst werden die Dortmunder Erfolge auch dem starken 12. Mann zugeschrieben. Wer übernimmt bei 96 die Aufgabe des Vorturners, des Anpeitschers? Kann nicht vom Management erwartet werden, mit Verve und explosiver Emotion voranzugehen, gerade dann, wenn es um die Existenz des Klubs geht?
Man könnte Bader die mangelnde Begeisterungsfähigkeit verzeihen, könnte man von seiner fachlichen Kompetenz überzeugt sein. Aber auch hier lassen sich Zweifel anführen. So war Bader in Nürnberg hauptamtlicher Vizepräsident und ab Oktober 2010 bis September 2015 einer der beiden Vereinsvorstände. Hier hat er eine wirtschaftlich verbrannte Landschaft hinterlassen:

> *"Der 1. FC Nürnberg ist wieder zum Sanierungsfall geworden. Weil das alte Management es versäumt hat, rechtzeitig die Refinanzierung der im April (Anm.: 2016) auslaufenden Fananleihe zu regeln, steckt der Klub jetzt in einem Spinnennetz gefährlicher Abhängigkeiten."*[195]

Martin Bader steht beispielhaft für die negativen Merkmale des Systems Bundesliga und die Unreformierbarkeit des Systems. Er steht auch beispielhaft dafür, wie in diesem System Fehlentwicklungen transportiert und übertragen werden.
Baders Vereinsführung in Nürnberg wird rückblickend als so zeitgemäß wie ein Faxgerät bezeichnet:

> *"Martin Baders Rücktritt als Nürnberger Sportvorstand war überfällig. Zum Verhängnis wurde ihm nicht das gute Verhältnis zu den Ultras, sondern seine Versäumnisse im sportlichen Bereich. Genau dort hat der Club noch immer viel zu tun. [...]*
> *Die Zahl der Klub-Freunde, die daran zweifeln, dass der Mann sein Kerngeschäft ordentlich versieht, war in der völlig verkorksten Sommervorbereitung noch einmal deutlich gestiegen – auch in den Vereinsgremien. [...]*
> *Dem Trainer wurden auch in dieser Saison einige Spieler vor die Nase gesetzt, nur bei einer Minderheit der Zugänge hatte er das letzte Wort. Einen Verein so zu führen, ist in etwa so zeitgemäß wie ein Faxgerät."*[196]

---

[195] Quelle: finance-magazin.de: "1. FC Nürnberg zurück im Krisenmodus" vom 16.10.2015.
[196] Quelle: Spiegel-online: "Schwächen im Kerngeschäft" vom 31. Juli 2015.

Und so wird nach nur wenigen Monaten seine Tätigkeit für Hannover 96 beurteilt:

> *"Martin Bader: Der Totengräber von Hannover 96?*
> *Seit Oktober 2015 ist Martin Bader Geschäftsführer bei Hannover 96, nachdem er zuvor über 11 Jahre Sportdirektor beim 1. FC Nürnberg war. Beim fränkischen Traditionsklub weint man dem Mann mit der Hornbrille keine Tränen hinterher. Martin Bader hatte sich dort in seinen letzten Jahren seinen eigentlich guten Ruf nachhaltig ramponiert. Nun sieht man bei Hannover 96 ähnliche Entwicklungen, wie beim 1. FC Nürnberg unter Baders Amtszeit. Vor allem die Nähe Baders zu den Ultras ist wie schon in Nürnberg auch in Hannover augenscheinlich."*[197]

Bader adaptierte seine Nürnberger Verhältnisse inzwischen auf Hannover 96. Ein Beispiel: Ende Juli 2015, nach einer herben Pleite gegen den SC Freiburg, arrangierte Bader ein Treffen zwischen den Nürnberger Ultras und der Mannschaft – auf einer Autobahnraststätte, nach Mitternacht. Die Mannschaft musste sich den wütenden Anhängern stellen. Schon ein Jahr zuvor mussten die Spieler ihre Trikots an die Ultras abgeben, die der Ansicht waren, diese hätten es nicht verdient, das Club-Trikot zu tragen. Nach der Heim-Niederlage der Roten gegen den 1. FC Köln am 12.03.2016 spielte sich die gleiche Szene in Hannover ab: Die Spieler mussten den Fans ihre Trikots aushändigen. Verantwortlich sowohl beim 1. FC Nürnberg als auch bei Hannover 96? Richtig! Martin Bader.[198]

Auch bei den Personalentscheidungen bedient sich Bader am Nürnberger Beispiel. So installierte er seinen Spezl aus Nürnberger Tagen, Christian Möckel, als Kaderplaner. Ebenso holte er Martin Przondziono vom 1. FC Nürnberg als Scout zu den Roten. Auch in Sachen Verstärkungen, die er im Winter der Abstiegssaison holen wollte, steckte er zuerst seine Fühler nach dem Spieler Drmic aus, der ihm aus Nürnberger Tagen noch gut bekannt war, der aber dennoch nicht nach Hannover kommen wollte[199].

Bei der Kaderplanung für die Zweitliga-Saison 2016/17 wird immer wieder das Interesse an dem aus Hannover stammenden Nürnberger Stürmer Niclas Füllkrug kolportiert. Zu beachten ist, dass Nürnberg unter Bader, wie oben dargelegt, in eine finanzielle Schieflage geraten ist. Die Lizenz für den

---

[197] Quelle: newsbuzzlers.com: "Martin Bader: Der Totengräber von Hannover 96?" vom 26. März 2016.

[198] Quelle: newsbuzzlers.com: "Martin Bader: Der Totengräber von Hannover 96?" vom 26. März 2016.

[199] vgl. Abschnitt "Reputation als Arbeitgebermarke", Seite 50ff

Ligabetrieb wurde nur unter Auflagen erteilt. Nürnberg also dringend auf Transfereinahmen angewiesen. Käme nun ein Deal zwischen Nürnberg und Hannover, Baders alter und neuer Wirkungsstätte, zustande, so hätte dies mindestens ein "Geschmäckle" - denn dann könnte Bader die finanziellen Schwierigkeiten des Clubs, die er selbst zu verantworten hat, nun für seinen neuen Verein ausnutzen.

Zudem gleicht Baders Kaderplanung für die Saison 2016/17 eher dem Treiben auf einem Basar. Da wird öffentlich geschachert um Ablösezahlungen. Einmal geht es um Sané, den der 1. FC Köln verpflichten will, zum anderen geht es eben um Füllkrug, für den der 1. FC Nürnberg "Cash" sehen möchte. Hin und her werden Summen kolportiert. Mal möchte 96 10 Mio. Euro für Sané, Köln bietet 3,5 Mio. Euro. Dann will Bader für Füllkrug 1 Mio. Euro zahlen, Nürnberg will aber 3 Mio. Euro, und alles wird öffentlich. Seriöse Geschäfte gestalten sich nach unserer Auffassung anders, denn solche Verhandlungen sollten stets ohne Öffentlichkeit stattfinden.

"Hannovers kuriose Shopping-Tour", so titelte schon die Süddeutsche Zeitung am 3. Februar 2016.[200] Weiter heißt es dort:

> *"Im Kader tummeln sich inzwischen 30 Spieler, aber das ist nicht nur wegen der minderen Qualität eher ein Handicap als ein Vorteil. Zwar hat Hannover 96 auch sechs Profis abgegeben, aber eigentlich sollte eine weitere Handvoll im Winter verscherbelt oder verliehen werden. Aber keiner wollte sie. Und wer von den in der Winterpause sechs Neuen das Team auf ein besseres Niveau bringen kann, deutet sich nur an."*

Dass die Neueinkäufe Hannover nicht vor dem Abstieg retten konnten, wissen wir nun. Ist Martin Bader nach dieser Bilanz - in Hannover und bei seinem früheren Arbeitgeber - der richtige Mann für einen Neuaufbau?

Fast zwölf Jahre durfte Bader in Nürnberg schalten und walten, sicherlich eine ziemlich lange Zeit in diesem System Bundesliga. Sogar Erfolge durfte er feiern, mit dem Pokalsieg 2007 und einem Wiederaufstieg in die Bundesliga. In solchen Zeiten fallen Fehlentwicklungen auch nicht so auf. Die wahre Stärke einer Führungskraft zeigt sich erst, wenn sich eine Krise verstetigt. Und als sich dieses in Nürnberg abzeichnete, sah Martin Bader sich nicht mehr in Lage, diese aufzuhalten, stattdessen schmiss er das Handtuch. Bei Hannover 96 handelt Bader nach dem gleichen Schema. Sein sportlicher und unternehmensstrategischer Gestaltungsradius tendiert bisher gen Null.

---

[200] Quelle: sueddeutsche.de vom 3. Februar 2016

Das Beispiel Bader zeigt aber auch, wie schwierig es im Profifußball ist, die richtigen Personalentscheidungen zu treffen: Denn grundsätzlich sprechen alle Entscheidungskriterien für Baders Profil: Abschluss als Dipl.-Sportökonom, verschiedene Positionen im Bereich Sport und Sportmarketing und letztlich war er fast zwölf Jahre im Profifußball bei einem Verein. Aber was immer wieder, auch bei seinen Vorgängern, außer Acht gelassen wurde, ist die Tatsache, dass Führungskräfte, die aus dem geschlossenen System Bundesliga kommen, nur nach eingefahrenen Strukturen verfahren und das ihnen jeglicher Kreativitätstransfer für wertorientierte Ansätze, der außerhalb dieses Systems angesiedelt ist, fehlt, dass so Ideen und Visionen, die außerhalb des Systems Bundesliga liegen, zu kurz kommen. Noch schwerer wiegt, dass diese Führungskräfte, und Martin Bader gehört dazu, diese Fehlentwicklungen selbst nicht wahrnehmen.
Wir wagen es, die Prognose, die wir an anderer Stelle schon für Dirk Dufner gegeben haben[201], für Martin Bader zu wiederholen: Es scheint unwahrscheinlich, dass der neue Sportdirektor seinen Vertrag bis zum derzeit festgelegten Vertragsende zum 30. Juni 2018 erfüllen wird.

Trainer – immer die richtige Wahl?

"Die allgemeine Trainer-Obsession ist eine Version der 'Great Man'-Theorie der Geschichte." So formulieren es Chris Anderson und David Sally in ihrem Buch *"Die Wahrheit liegt auf dem Platz"*[202]. Was ist damit gemeint? Damit sollen die Eigenschaften eines Trainers auf die Führung dargestellt werden, die situations-, aufgaben- und gruppenunabhängig wirken. Und die Führungseigenschaften sollen dann auch für Erfolg stehen.

Anderson und Sally stellen weiter fest:

> *"Ein guter Mann auf der Bank führt zu besseren Ergebnissen, einem besseren Abschneiden in der Liga. Den falschen Mann zu verpflichten heißt, den Teil des Fußballs, der nicht vom Zufall bestimmt wird, nicht richtig auszunutzen. Die Ergebnisse werden schlechter werden, die Spieler den Glauben verlieren. Die Schwachstellen im Team werden sich gegenseitig multiplizieren und die Fans aufsässig werden."*[202]

---

201 s. auch Kapitel "Quo vadis, Hannover 96" in: "Quo vadis, Bundesliga? Wie zukunftsfähig ist der Profifußball? Analysen und Visionen am Beispiel Hannover 96".

202 Chris Anderson/David Sally: "Die Wahrheit liegt auf dem Platz". Rowohlt Taschenbuch Verlag, Reinbek: 2014.

Wie oft durfte man das schon bei den Roten erleben? Hatte 96 jemals "*Great Men*" als Trainer, wenigstens zu Zeiten der 5. Bundesligaperiode?
Das waren die Trainer seit dem Aufstieg 2002:

seit - 04.04.2016	*Daniel Stendel*
04.01.2016 - 03.04.2016	*Thomas Schaaf*
21.04.2015 - 21.12.2015	*Michael Frontzeck*
31.12.2013 - 20.04.2015	*Tayfun Korkut*
19.01.2010 - 27.12.2013	*Mirko Slomka*
20.08.2009 - 19.01.2010	*Andreas Bergmann*
11.09.2006 - 19.08.2009	*Dieter Hecking*
01.09.2006 - 10.09.2006	*Michael Schjønberg*
10.11.2005 - 30.08.2006	*Peter Neururer*
09.03.2004 - 09.11.2005	*Ewald Lienen*
23.05.2001 - 07.03.2004	*Ralf Rangnick*

Die Frage "Wer war oder ist der richtige Trainer für Hannover 96" lässt sich nicht so einfach beantworten. Martin Kind musste sich diese Frage seit seiner Amtsübernahme mehr als vierzehnmal stellen und hat, das zeigen die vielen Wechsel auf dieser Position im Verein, nicht die richtige Antwort finden können.
Der Einflussbereich eines Trainers auf das Gesamtergebnis eines Profifußballunternehmens wird in wissenschaftlichen Abhandlungen und in der Sportökonomieliteratur[203] zwischen 11 und 19 Prozent eingeschätzt. Auch das Ergebnis einer Studie aus den siebziger Jahren mit 200 großen amerikanischen Unternehmen über die Unternehmensleistungen zeigt ähnliche Resultate. Demnach entfallen 30 Prozent auf die Produktivität, 23 Prozent auf Geschichte und Firmenstruktur, 14,5 Prozent auf die Geschäftsführung (im sportlichen Kontext der Trainer) und der Rest auf viele kleine Faktoren.
Diese Einschätzung ist relevant, weil sie zeigt, dass der Trainer nicht allein für die sportliche Produktionserstellung verantwortlich ist. Die Korrelation zum Gesamtunternehmen ist durch folgende Faktoren bedingt: Die Mannschaft und die Spieler des Kaders sind die Hauptinteraktionspartner eines Trainers. Weitere externe Faktoren sind die Entscheidungen der Geschäfts-

203 Simon Kuper/Stefan Szymanski: Soccernomics: Why England Loses, Why Germany and Brazil Win, and Why the U.S., Japan, Australia, Turkey--and Even Iraq--Are Destined to Become the Kings of the World's Most Popular Sport. Nation Books: 2009 und Chris Anderson/David Sally: "Die Wahrheit liegt auf dem Platz". Rowohlt Taschenbuch Verlag, Reinbek: 2014.

führung des Arbeitgebers und die Mitarbeiter des Trainer- und Betreuerstabes. Das vielfältige Umfeld eines Trainers verdeutlicht diese Abbildung.

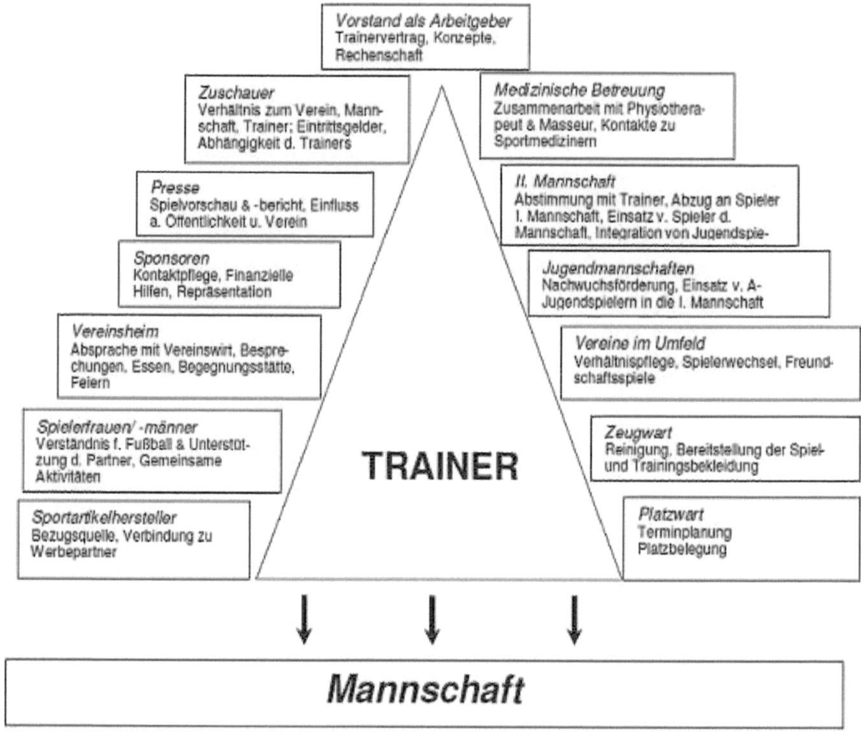

Abbildung 2: Das Umfeld des Trainers (nach Schaare, 1993, 5)[204]

All diese Faktoren beziehen sich interaktiv auf den Einflussbereich eines Trainers. Deshalb muss auch das Anforderungsprofil an einen Trainer diese Faktoren einbeziehen. Wenn es zu größeren Abweichungen kommt, verändert sich auch die Einflussgröße des Trainers auf das Gesamtunternehmensergebnis: Je geringer die Qualität des Einflusses eines Trainers auf das Gesamtergebnis des Profifußballunternehmens ist, desto kleiner ist damit auch der Einfluss auf die sportliche Leistungserstellung und damit der sportliche Erfolg des Produktes.

Eine 'seriöse' Selbsteinschätzung zur Leistungsqualität aus Trainersicht traf Peter Neururer:

---

[204] Quelle: Günther Blumhoff: "Soziale Kompetenzen von FußballtrainerInnen (Band 2)". Cuvillier: 2009.

"Wenn wir ein Quiz machen würden unter den Trainern in Deutschland, wer am meisten Ahnung hat von Trainingslehre, Psychologie, und der Trainer mit den besten Ergebnissen kriegt den besten Club, dann wäre ich bald bei Real Madrid."[205]

War er also der Trainer bei Hannover 96, der alle internen und externen Faktoren erfüllte? Eher nicht, auch wenn er zweimal hier agieren durfte (1994/95 und 2005/06).

Ein Trainer hat im Gesamtunternehmen eine ganz besondere Stellung. Er ist für jenen Teil der sportlichen Produktion zuständig, der nicht vom Zufall bestimmt wird. Bisher gibt es allerdings keinen allgemeinen Maßstab, der die Qualität eines Trainers bewertet, und so kommt es, dass alle Trainer, die während der 5. Bundesligaperiode für Hannover 96 tätig waren, einen mehr oder weniger großen Beitrag am Gesamtergebnis haben. Aber keiner, auch der vermeintlich erfolgreichste in dieser Ära, Mirko Slomka, entspricht der "*Great Man*"-Theorie.

Es geht auch nicht so sehr um die Qualität eines einzelnen Trainers, sondern um die Personalpolitik des Unternehmens, die Entscheidungen und Anforderungsprofile für oder gegen einen Trainer trifft und aufstellt. Das sind wichtige Kriterien für Erfolg oder Irrtum bei einer Trainerentscheidung und somit wichtiger Bestandteil des Abstiegsprozesses. Und dieser Prozess begann bei Hannover 96, wie ausgeführt, bereits in der Ära Slomka.

Besonders wichtig ist auch, wie schnell eine Personalentscheidung getroffen werden kann, wenn der Einfluss eines Trainers auf das Gesamtunternehmensergebnis nachlässt. Entscheidend sind also die Reaktionszeit und der Reaktionsprozess und die Möglichkeiten, einen solchen Prozess auch ökonomisch zeitnah umzusetzen.[206] Zur Entscheidung der Trennung von Mirko Slomka und zur Einstellung von Korkut schrieb Martin Kind u.a.:

"[...] Diese Saison ist schwierig, die Trennung von Mirko Slomka war notwendig. Wir haben eine mutige Entscheidung mit Perspektive getroffen. [...]"[207]

Mutig war die Entscheidung sicherlich. Aber eine Entscheidung mit Perspektive? Korkut hatte zuvor keine Herrenmannschaft trainiert, sondern nur Jugendmannschaften. Während Trainer wie Markus Weinzierl, Dirk Schuster,

205 Quelle: Chris Anderson/David Sally: "Die Wahrheit liegt auf dem Platz". Rowohlt Taschenbuch Verlag, Reinbek: 2014, S. 299.

206 vgl. Abschnitt "Der Weg", Seite 131ff

207 Quelle: Brief von Martin Kind an Jürgen Blut vom 3. Februar 2014

Markus Gisdol, Roger Schmidt, André Breitenreiter und auch Thomas Tuchel, bevor sie die Bundesligamannschaften übernahmen, bereits Herrenmannschaften der U23 oder 4. Liga trainiert hatten, hatte Korkut diese wesentliche Erfahrung und die damit einhergehenden persönlichen Entwicklungen noch nicht gemacht.
Die Entscheidung pro Korkut beschrieb Martin Kind aber dann wie folgt:

> *"[...] Ihre Beurteilung im Hinblick auf den Trainer teile ich nicht. Tayfun Korkut ist ein qualifizierter Trainer, kommunikativ, sympathisch, aber auch durchsetzungsstark und mit einer klaren Philosophie. Ich bin überzeugt, er wird sich erfolgreich entwickeln."*[208]

Die Wahl pro Korkut war hinsichtlich der Erfüllung aller externen Faktoren (sh. Abb. 2) daher ein sehr hohes unternehmerisches Risiko. Hatte er das Profil, um 11 bis 19 Prozent. des Gesamtunternehmenserfolges zu realisieren? Und außerdem hatte diese Entscheidung auch den faden Beigeschmack eines vermeintlichen Deals mit dem Berater Harun Arslan, der ja bekanntlich auch Mirko Slomka in seinem Portfolio hat.[209]
Die Entscheidung für Korkut war aber auch deshalb falsch, weil es an einer besseren Alternative nicht mangelte. Beim TSV Havelse in der Regionalliga entwickelte sich zur gleichen Zeit, praktisch 5 Kilometer von der 96-Arena entfernt, ein außergewöhnliches Trainertalent: André Breitenreiter. Der Ex-96er entwickelte in einem finanziell sehr limitierten Umfeld ein Regionalliga-Spitzenteam, das sogar eine Zeit lang um einen Platz in der 3. Liga mitspielte.
Als Mitte 2013 der U23-Trainer der Roten, Valérien Ismaël, zum VfL Wolfsburg wechselte, war bei 96 ein exponierter Trainerposten frei. Was hätte näher gelegen, als diesen Posten Breitenreiter anzubieten? Auch in diesem Punkt wurde es versäumt, strategisch zu handeln, zukunftsfähiges Personal zu entdecken und langfristig an den Verein zu binden.
Eine sträfliche Unterlassung, schließlich haben die Erfolge Breitenreiters beim SC Paderborn gezeigt, dass er ein Trainer mit Zukunft ist. Mit Breitenreiter hätte man den Startschuss setzen können für ein inzwischen in der Bundesliga gängiges Erfolgsmodell: Die Rekrutierung junger Trainer aus den eigenen U23-Mannschaften. Beispiele sind Martin Schmidt (Mainz 05), André Schubert (Borussia Mönchengladbach), Viktor Skripnik (Werder Bremen), Pál Dárdai (Hertha BSC).

---

208 Quelle: Brief von Martin Kind an Jürgen Blut vom 19. Mai 2014
209 vgl. Abschnitt "Gut beraten mit Berater", Seite 122ff

Mit der aktuellen Verpflichtung von Daniel Stendel als Chefcoach hat Hannover 96, einige Jahre zu spät, diesen Weg nun ebenfalls eingeschlagen. Allerdings muss der Beobachter den Eindruck erhalten, dass dies nicht, wie etwa in Mainz, Mönchengladbach oder Berlin, Ausdruck strategischer Überlegungen, sondern mangelnder Alternativen und dem öffentlichen Druck geschuldet ist. Es kommt hinzu, dass Stendel, ebenso wie zuvor bereits zur Entscheidung Korkut beschrieben, keinerlei Erfahrung als Trainer im Herrenbereich mitbringt. Damit ist auch das Risiko, dass sich der Erfolg nicht wie gewünscht einstellen könnte, nicht unerheblich. Der "Great Man"-Theorie wird so nicht Rechnung getragen.

Nun ist es für außenstehende Betrachter sehr schwer, die sportliche Qualität von Trainern zu beurteilen, zumal auch die Anforderungsprofile, die die Unternehmen jeweils für die Einstellung eines solchen Mitarbeiters entwickeln, nicht im Detail bekannt sind. Das fast alleinige Beurteilungskriterium für die Tätigkeit des Trainers ist aber letztlich der Erfolg, wobei auch dieses Kriterium relativ ist. Für die einen ist Erfolg allein die Meisterschaft oder das Erreichen eines Platzes in der Champions League. Für andere ist er das Erreichen der Europa League. Andere wiederum werten das Erreichen eines einstelligen Tabellenplatzes in der Bundesliga als Erfolg. Und wieder andere werten den Nichtabstieg als Erfolg des Trainers.

Nach dieser Bewertung wäre Michael Frontzeck ein erfolgreicher Trainer. Als er fünf Spieltage vor Ende der Saison 2014/15 als Nachfolger von Korkut verpflichtet wurde, stand 96 mit 29 Punkten auf dem 15. Tabellenplatz, einen Punkt vom Relegationsplatz entfernt. Die Entscheidung der sportlichen Führung für Frontzeck war aber eine reine Zweckentscheidung, weil offensichtlich kein anderer Trainer diese Aufgabe übernehmen wollte. Auf Grundlage seiner bisherigen Engagements konnte Frontzeck nicht als Erfolgscoach bezeichnet werden. Seine Erfolge als Cheftrainer bei Alemannia Aachen, Arminia Bielefeld, Borussia Mönchengladbach und dem FC St. Pauli sind, das kann man zweifelsfrei feststellen, recht überschaubar.

Dass Frontzeck den Abstieg von 96 zunächst verhindern konnte, ist, so unsere Einschätzung, zu einem großen Anteil den Faktoren Glück und Zufall geschuldet. Nach Anderson/Sally[210] liegt der Einflussbereich eines Trainers bei 19 Prozent. Somit haben letztlich im Wesentlichen andere Faktoren als der Trainer, u.a. eben auch Glück und Zufall, den Klassenerhalt bestimmt. Bei Hannover 96 hat man, so scheint es, angenommen, dass der Erfolg des Nichtabstiegs zu 100 Prozent dem Trainer zuzurechnen ist. Das war eine fa-

210 Chris Anderson/David Sally: "Die Wahrheit liegt auf dem Platz". Rowohlt Taschenbuch Verlag, Reinbek: 2014, S. 310.

tale Fehleinschätzung. Diese Fehleinschätzung ist aber nicht dem Trainer anzulasten, sondern der sportlichen Führung.
Nicht zuletzt aus Dankbarkeit entschied die sportliche Führung, Frontzeck als Cheftrainer über die Saison 2014/2015 zu behalten. Dass darüber hinaus die Kaderplanung dem ausscheidenden Sportdirektor Dufner überlassen wurde, zeigt, wie unprofessionell bei Hannover 96 zu diesem Zeitpunkt gearbeitet wurde. Weder die Qualität des Kaders noch die Qualität des Trainers waren ausreichend für einen Verbleib in der 1. Liga.
Nachdem Frontzeck nach der 1. Halbserie 2015/16 seinen Posten aufgegeben hatte, wurde die Mannschaft einem ehemaligen Meistertrainer überlassen. Thomas Schaaf gehört sicherlich zu einer Garde von Trainern, die man als Auslaufmodell bezeichnen kann. Mit Armin Veh und Huub Stevens hatten 2016 bereits verdiente Veteranen des Bundesligafußballs ihren Hut genommen, bevor Thomas Schaaf ihnen dann am 3. April 2016 nach dem 28. Spieltag und der 0:3 Heimniederlage gegen den HSV folgte. Thomas Schaaf ist nach unserer Auffassung daran gescheitert, dass er eine Spielphilosophie umsetzen wollte, für die der Kader nicht geeignet war. Er ist aber auch daran gescheitert, dass er das nicht erkannt hat. Thomas Schaaf braucht für eine erfolgreiche Arbeit ein geschlossenes Mannschaftsgefüge, so wie er es in seinen erfolgreichen Zeiten in Bremen hatte. Hannover 96 hatte einen planlos zusammengewürfelten Haufen von mäßig begabten Individualfußballern zu bieten. Dass das Scheitern von Thomas Schaaf vorprogrammiert war, hätte vor allem die sportliche Führung, allen voran Sportgeschäftsführer Bader erkennen müssen.
Entscheidungen, die unter Druck getroffen werden müssen – wie die Entscheidung für Schaaf –, sind häufig Fehlentscheidungen. Solchen Fehlentscheidungen kann man durch ein Zukunftskonzept vorbeugen, etwa, indem, wie skizziert, U23- und U21-Mannschaften mit Trainertalenten besetzt werden, die auch die erste Mannschaft führen könnten.
Wie es gehen kann, hat die TSG 1899 Hoffenheim vorgemacht, die sich in einer ähnlich prekären Lage befand wie 96. Dort hat man bereits vor der Saison 2015/16 eine Perspektive, mit dem Jungtalent Julian Nagelsmann entwickelt, indem man diesen für die Übernahme des Bundesligakaders zur Saison 2016/17 ausbildete. So konnte Nagelsmann vorzeitig Huub Stevens beerben, und zwar mit entsprechendem Erfolg.
So geht Zukunft. Zukunft braucht Veränderungsprozesse. Zukunft braucht schnelle Reaktionszeiten auf sportliche und wirtschaftliche Veränderungen. Es ist nicht die Entscheidung für einen falschen Trainer, die den Weg in eine sportliche Zukunft verhindert, sondern es ist der Prozess, der es verhindert

diese Entscheidung zeitnah und ohne Reibungsverlust zu revidieren. Es sind die ökonomischen Zwänge, die solche dynamischen Prozesse verhindern und dadurch immer wieder zur Kapitalvernichtung ohne Wertschöpfung für Abfindungsleistungen führen. Es ist die limitierte Sichtweise der Entscheidungsträger, die nur in eingefahrenen Kategorien denken und handeln und somit auch keine innovativen Konzepte annehmen können.[211]

---

211 s. auch das Kapitel "Ein Kooperationsmodell" in: "Quo vadis, Bundesliga? Wie zukunftsfähig ist der Profifußball? Analysen am Beispiel Hannover 96".

Gut beraten mit Berater

Am Ende der Hinrunde 2015/16, als 96 auf dem vorletzten Tabellenplatz lag und der Klassenerhalt noch möglich war, gab der Verein die Devise aus: *"Wir holen drei oder vier Spieler zur dringenden Verstärkung für die Rückrunde."* Das war eigentlich eine logische Folgerung aus dem, was bis dahin sportlich geboten wurde. Martin Bader sagte im Dezember 2015:

> *"Unsere Hauptaufgabe ist: Wir brauchen absolute Verstärkungen, Spieler, die uns sofort weiterhelfen."*[212]

Auch Martin Kind forderte, dass die Spieler sofort einschlagen müssten.

> *"Die Einschätzung der Neuzugänge muss mit großer Sicherheit verbunden sein."*[212]

Martin Bader und Christian Möckel verpflichteten sechs Spieler – und griffen sage und schreibe sechsmal daneben. In der Bundesligahistorie dürfte eine solche Transferbilanz seinesgleichen suchen.

Wie in fast allen Lebenslagen gibt es auch bei solchen Katastrophendeals immer auch Gewinner. Das sind in diesem Fall die Spielerberater. Bei jedem Transfer verdienen Berater mit, und zwar unabhängig davon, ob der Spieler einschlägt oder ob er floppt. An Hannover 96 haben Spielerberater 2015/16 insgesamt 2,72 Mio. Euro verdient.[213] Das ist im Ranking der Bundesliga-Klubs insgesamt zwar nur Platz 13, aber man muss bedenken, dass keiner der Transfers für 96 Wertschöpfung erbracht hat. Deswegen kann man die aufgewendeten 2,72 Mio. Euro als Kapitalvernichtung ohne jegliche Wertschöpfung bezeichnen. Insgesamt zahlten die 18 Bundesligavereine in der Transferperiode 2015/16 wieder über 100 Mio. Euro Beraterhonorare (sh. Tabelle 10).

In einem kaum zu durchschauenden Geflecht von Absprachen, Dienstleistungen und Zahlungen agieren die Hintermänner des Fußballs an den Schaltstellen der Klubs und dirigieren und lenken das Geschäft mit den Produktionsmitteln für die sportliche Leistungserstellung – den Spielern. Sie

---

212 Quelle: HAZ #71: "Sechsmal daneben" vom 24. März 2016.

213 Quelle: DFL – Beraterhonorare 2015/16

entscheiden maßgeblich über Erfolg oder Misserfolg, ohne ein eigenes Risiko zu übernehmen.[214]

Deshalb muss die Rolle der Berater auch Teil dieser Analyse über den Abstiegsprozess bei Hannover 96 sein. Der Einfluss der Spielerberater in den Klubs ist größer als landläufig angenommen. Einige Spielerberater haben etwa gleich mehrere Spieler des 96-Kaders unter Vertrag. Drei der im Winter zu den Roten geholten Neuzugänge kamen über Spielervermittler, die bereits Spieler bei 96 unter Vertrag haben. Man muss die Frage stellen, ob bei der Verpflichtung dieser Spieler der persönliche Kontakt zwischen Klub und Spielerberater oder die Qualität der Spieler ausschlaggebend war.

So ist Hotaru Yamaguchi bei der PRO Profi GmbH unter Vertrag, die noch drei weitere Spieler von 96 in ihrem Portfolio hat[215]. Iver Fossum ist gemeinsam mit vier weiteren Spielern (u.a. Ron-Robert Zieler) bei Stars & Friends im Stall und Adam Szalai wird, wie zwei weitere 96-Spieler, von arena11 sports group betreut. Inzwischen haben Yamaguchi und Szalai 96 wieder verlassen, woran die Berater abermals partizipierten.

Damit aber noch nicht genug an Fakten. Wie weit unter Umständen eine gefährliche Nähe zu Beratern bestehen kann, können folgende Daten zeigen. Die Ablösesummen der im Winter 2015/16 geholten Spieler lagen jeweils gleich oder über ihrem tatsächlichen aktuellen Marktwert:

Hotaru Yamaguchi	–	*Marktwert:*	*1,5 Mio. Euro*
		Ablöse:	*1,5 Mio. Euro*
Iver Fossum	–	*Marktwert:*	*1,3 Mio. Euro*
		Ablöse:	*2,0 Mio. Euro*
Marius Wolf	–	*Marktwert:*	*0,8 Mio. Euro*
		Ablöse:	*1,5 Mio. Euro*

In der Winterwechselperiode 2015/16 kamen noch zum Kader:

Adam Szalai	*Leihe – 600 Tsd. Euro*
	Marktwert: 1,5 Mio. Euro
Hugo Almeida	*ablösefrei*
	Marktwert: 1,0 Mio. Euro
Alexander Milosevic	*Leihe*
	Marktwert: 1,0 Mio. Euro

214 s. auch das Kapitel: "Berater – Fluch oder Segen?" in: "Quo vadis, Bundesliga? Wie zukunftsfähig ist der Profifußball? Analysen und Visionen am Beispiel von Hannover 96".

215 Quelle: Transfermarkt.de

Dass andere Klubs offensichtlich anders verhandeln können, dafür hier einige Beispiele der Wintertransfers (Ablöse niedriger als Marktwert):

Eintracht Frankfurt	–	*Marco Fabián*	*Marktwert:*	*5,0 Mio. Euro*
			Ablöse:	*3,7 Mio. Euro*
Mainz 05	–	*Giulio Donati*	*Marktwert:*	*2,0 Mio. Euro*
			Ablöse:	*1,0 Mio. Euro*
VfB Stuttgart	–	*Kevin Großkreutz*	*Marktwert:*	*4,5 Mio. Euro*
			Ablöse:	*2,2 Mio. Euro*
FC Ingolstadt 04	–	*Dario Lezcano*	*Marktwert:*	*3,0 Mio. Euro*
			Ablöse:	*2,5 Mio. Euro*[216]

In Hannover war der Einfluss der ARP Sportmarketing mit Harun Arslan besonders groß. Zählt man aktive und ehemalige Spieler zusammen, die von Arslan betreut werden, dann kommt man auf eine komplette Mannschaft inklusive Trainerteam:

Kenan Karaman	–	*aktiv Hannover 96*
Christian Schulz	–	*jetzt SK Sturm Graz*
Tim Dierßen	–	*aktiv U23 Hannover 96*
Patrick Schwarz	–	*aktiv U23 Hannover 96*
Steven Cherundolo	–	*Laufbahnende*
Altin Lala	–	*Laufbahnende*
Deniz Kadah	–	*jetzt Caykur Rizespor*
Konstantin Rausch	–	*jetzt Darmstadt 98*
Karim Haggui	–	*jetzt Fortuna Düsseldorf*
Yannik Schulze	–	*jetzt VfV Borussia Hildesheim*
Markus Miller	–	*vereinslos*
Trainer:		
Mirko Slomka	–	*vormals Hannover 96*
Tayfun Korkut	–	*jetzt 1. FC Kaiserslautern*
Garip Capin	–	*Co-Trainer U17 Hannover 96*

Wie viel Einfluss hatten und haben Berater auf die Transferentscheidungen bei Hannover 96? Wer hat die von Martin Kind geforderte Einschätzung der Neuzugänge der Winterpause 2015/16 vorgenommen, Klub (Sportverantwortlicher) oder Berater? Wie haben sich die enormen Beraterhonorare auf die Wirtschaftlichkeit des Unternehmens ausgewirkt?

---

216 Alle Daten: Transfermarkt.de

Schaut man sich die Summe der Gesamtinvestitionen von 96 in der Zeit von 2009 bis 2016[217] an, so kann man davon ausgehen, dass etwa 8,55 Mio. Euro (ca. 15 Prozent von 57 Mio. Euro Transfersumme[218]) an Beratergebühren aufgewendet wurden[219]. Dagegen stehen 30,05 Mio. Euro Fehlinvestitionen, d.h. man kann von ca. 4,58 Mio. Euro ausgehen, die als Beratergebühren als Kapitalvernichtung ohne Wertschöpfung eingestuft werden können.

Eine derartig hohe Quote an Kapitalvernichtung wirkt für das Ziel, die Mannschaft zu verbessern, natürlich kontraproduktiv, weil wirtschaftliche Werte vernichtet werden, ohne dass dem Unternehmen mehr Qualität zugeführt wird. Damit ist dieses ein weiterer Faktor, der den Abstieg von Hannover 96 begleitete.

Die folgende Tabelle zeigt die Gesamtausgaben der 1. und 2. Bundesliga 2015/16, die an die Berater geflossen sind: über 143 Mio. Euro. Wenn man bedenkt, dass die 1. Liga in der Saison 2015/16 TV-Gelder in Höhe von 557 Mio. Euro[220] eingenommen hat, gleichzeitig aber 127 Mio. Euro (22,8 Prozent) an die Beraterausgaben hatte, dann wird deutlich, dass das ein ziemlich ungesundes Verhältnis ist.

---

217 vgl. Tabelle 7, Seite 35

218. Summe Transferausgaben 2009 – 2016, Tabelle 7, Seite 35

219 Da sich die Beratergebühren i.d.R. nach den Jahresgehältern über die Vertragslaufzeit berechnen, dürfte die Summe sogar noch höher ausfallen.

220 Quelle: fussball-geld.de: Einnahmen Fernsehgelder 1. Bundesliga 2015/2016.

Tabelle 10: Übersicht Klub-Zahlungen an Spielervermittler Zeitraum 15.03.2015 bis 15.03.2016	
Bundesliga	
FC Augsburg 1907 GmbH & Co. KGaA	2.570.038 €
Hertha BSC GmbH & Co. KGaA	4.174.390 €
SV Werder Bremen GmbH & Co KGaA	5.959.000 €
SV Darmstadt 1898 e.V.	761.000 €
Borussia Dortmund GmbH & Co. KGaA	15.720.350 €
Eintracht Frankfurt Fußball AG	1.914.830 €
HSV Fußball AG	5.179.113 €
Hannover 96 GmbH & Co. KGaA	2.713.074 €
TSG 1899 Hoffenheim Fußball-Spielbetriebs GmbH	11.720.500 €
FC Ingolstadt 04 Fussball GmbH	1.274.400 €
1. FC Köln GmbH & Co. KGaA	3.335.000 €
Bayer 04 Leverkusen Fußball GmbH	10.962.610 €
1. FSV Mainz 05 e.V.	2.721.250 €
Borussia VfL 1900 Mönchengladbach GmbH	7.100.000 €
FC Bayern München AG	16.663.250 €
Fußballclub Gelsenkirchen-Schalke 04 e.V.	16.860.333 €
VfB Stuttgart 1893 e.V.	5.217.669 €
VfL Wolfsburg-Fußball GmbH	12.883.826 €
Gesamt	**127.730.633 €**
2. Bundesliga	
1. FC Union Berlin e.V.	484.800 €
DSC Arminia Bielefeld GmbH & Co. KGaA	484.450 €
VfL Bochum 1848 Fußballgemeinschaft e.V.	450.970 €
Eintracht Braunschweig GmbH & Co. KGaA	532.080 €
MSV Duisburg GmbH & Co. KGaA	465.650 €
Düsseldorfer Turn- und Sportverein Fortuna 1895 e.V.	719.000 €
FSV Frankfurt 1899 Fußball GmbH	276.248 €
Sport-Club Freiburg e.V.	1.968.739 €
SpVgg Greuther Fürth GmbH & Co. KGaA	571.084 €
1. Fussballclub Heidenheim 1846 e.V.	670.427 €
1. FC Kaiserslautern e.V.	861.602 €
Karlsruher Sport-Club e.V.	427.815 €
RasenBallsport Leipzig e.V.	4.170.575 €
TSV München von 1860 GmbH & Co. KGaA	703.850 €
1. Fußball-Club Nürnberg e.V.	1.920.088 €
SC Paderborn 07 e.V.	668.810 €
FC St. Pauli von 1910 e.V.	399.000 €
SV Sandhausen 1916 e.V.	262.149 €
Gesamt	**16.037.337 €**
1. + 2. Bundesliga	**143.767.970 €**

Quelle: DFL Deutsche Fußball Liga GmbH
eigene Auswertung

Die Statistik der 5. Bundesligaperiode

Tabelle 11: 5. Bundesligaperiode Hannover 96 2002-2016

Saison	Platz	Punkte	erzielte Tore	erhaltene Tore
2002/2003	11	43	47	57
2003/2004	14	37	49	63
2004/2005	10	45	34	36
2005/2006	12	38	43	47
2006/2007	11	44	41	50
2007/2008	8	49	54	56
2008/2009	11	40	49	69
2009/2010	15	33	43	67
2010/2011	4	60	49	45
2011/2012	7	48	41	45
2012/2013	9	45	60	62
2013/2014	10	42	46	59
2014/2015	13	37	40	56
2015/2016	18	25	31	62
		586	627	774

Quelle: Fußballdaten.de
eigene Auswertung

Zunächst ein wenig Statistik zum Ende der 5. Bundesliga-Periode von Hannover 96.

Und noch ein Paar Daten:
Von 1.428 möglichen Punkten, die in den 14 Spielzeiten erzielt werden konnten, erreichte 96 mit 586 Punkten gerade einmal ca. 41 Prozent. Nur in einer Spielzeit, nämlich 2010/11, erreichte man ein positives Torverhältnis. Dies war auch die erfolgreichste Bundesligasaison in der Klubgeschichte. Insgesamt erhielt man 147 Tore mehr als selbst geschossen wurden, im Schnitt pro Jahr also 10,5 Tore.

Tabelle 12: 5. Bundesligaperiode Hannover 96 2002-2016

Saison	Siege	Unentschieden	Niederlagen
2002/2003	12	7	15
2003/2004	9	10	15
2004/2005	13	6	15
2005/2006	7	17	10
2006/2007	12	8	14
2007/2008	13	10	11
2008/2009	10	10	14
2009/2010	9	6	19
2010/2011	19	3	12
2011/2012	12	12	10
2012/2013	13	6	15
2013/2014	12	6	16
2014/2015	9	10	15
2015/2016	7	4	23
	157	**115**	**204**

Quelle: Fußballdaten.de
eigene Auswertung

In den 476 Spielen der 5. Bundesligaperiode der Roten gab es 157 Siege, 115 Unentschieden und 204 Niederlagen. Nur dreimal, nämlich 2007/08, 2010/11 und 2011/12, erreichte man mehr Siege als Niederlagen. Daraus kann man folgern: 96 hat 272 Spiele nicht verloren, aber auch 319 Spiele nicht gewonnen.

Unter dem Strich sind fast alle Statistik-Daten der 5. Bundesligaperiode von Hannover 96 negativ. Dennoch musste dies nicht zwangsläufig zum 5. Abstieg aus der Bundesliga führen. Denn nicht die Statistik ist ausschlaggebend, sondern der erreichte Tabellenplatz. Aber die statistischen Daten illustrieren, gemeinsam mit den Ausführungen aus den vorangegangenen Kapiteln, warum der Abstieg die Folge eines sich über einen längeren Zeitraum vollziehenden schleichenden und deterministischen Prozess war.

Der Abschied

"Ohne Abschied gibt es keinen Neubeginn."

(Volksweisheit)

Ist diese Weisheit eine Plattitüde oder Ausdruck eines selbsterfüllenden Optimismus?

Hannover 96 verabschiedete sich am 14. Mai 2016 nach 476 Spielen aus der Eliteliga des deutschen Fußballs. Für wie lange, das steht in den Sternen. Kann der Abstieg bei einem dringend notwendigen Neuaufbau des Klubs helfen?

Aus Sicht der Optimisten kann man den Abschied als Neubeginn auch so deuten:

Hannover 96 ist mit Abstand der wirtschaftlich erfolgreichste Absteiger der Bundesliga-Historie. Es gibt also gute wirtschaftliche Voraussetzungen für einen Neubeginn. Hinzu kommt, dass der Steuerzahler in Gestalt der Landeshauptstadt Hannover dem Unternehmen durch den Abstieg in die 2. Liga mit jährlich 850.000 Euro als Zuschuss für die Arena beispringt. Hinzu kommen etwa 250.000 Euro Einsparungen für Abgaben an den Amateurbereich (NFV - Niedersächsischer Fußballverband), die in der 1. Liga zwei Prozent der Ticketing-Einnahmen ausmachen, sich in Liga 2 aber auf ein Prozent reduzieren.

Das könnten also positive Aspekte eines Abstiegs sein. Für Realisten aber bleibt die Frage: Wenn das Unternehmen wirtschaftlich so gut aufgestellt ist, weshalb kam es dann überhaupt zu einem Abstieg? Weshalb gelang es nicht, ein wettbewerbsfähiges und erfolgsorientiertes Produkt zu etablieren, das den Abschied aus dem Markt der 1. Bundesliga verhindert hätte?

Zudem ist es für ein Profisportunternehmen sehr riskant, über einen Abstieg einen Neuanfang zu starten. Ein Neubeginn bedeutet immer, dass der Abstand zu denen, die keinen Neuanfang machen mussten, ökonomisch und sportlich größer wird. Ein Neubeginn, sprich ein Wiederaufstieg, bedeutet, dass das Produkt wieder auf eine andere Qualität gebracht werden muss, und zwar unter den Bedingungen eines sich weiter rasant verschärfenden Wettbewerbsdrucks bei der Produktentwicklung[221]. Gleichzeitig muss die wirtschaftliche Basis auf ein Niveau angehoben werden, mit dem Wettbewerbsfähigkeit hergestellt werden kann. All das sind Prozesse, die außeror-

[221] vgl. Abschnitt "View Into The Future", Seite 141ff

dentliche Kompetenzen und erhebliches Know-how erfordern – und dass es hier bei 96 mangelt, konnte bereits hinreichend belegt werden.[222]

Bei der Dynamik, mit der heute die Entwicklung im Profifußball und speziell in der 1. Bundesliga fortschreitet, kann ein Abstieg eine wesentlich dramatischere Bedeutung haben, als dass nur eine Möglichkeit für einen Neubeginn gegeben wird. Abschied bedeutet nicht unabdingbar "*Auf Wiedersehen*".

Und wenn man im brutalen Profifußballgeschäft über Abschied philosophiert, so sollte eine solche Philosophie für Hannover 96 auch ein Abschied von einigen Köpfen, Zöpfen, Strukturen und Altbewährten beinhalten. Dann könnte es heißen:

"Abschied, die Tür zur Zukunft."

Dr. phil. Manfred Hinrich (1926–2015), deutscher Philosoph, Philologe, Lehrer, Journalist, Kinderliederautor, Aphoristiker und Schriftsteller

---

[222] vgl. Abschnitt "Führungsstruktur – Personalien", Seite 150ff

Der Weg – das Ziel – die Zukunft

Der Weg

Der Weg, den Hannover 96 in der Vergangenheit beschritten hat, führte nicht zum eigentlichen Ziel, sondern am Ziel vorbei. Die Richtung, die den Weg weist, war somit auch nicht zielführend. Deshalb sollte man den Mut haben, die Richtung zu ändern – vor allem dann, wenn der bislang eingeschlagene Weg direkt in den Abgrund führt.
Hannover 96 hat in der 5. Bundesliga-Periode fast nie den Mut gefunden, die Richtung zu ändern, sondern ist beharrlich auf dem Weg geblieben, der in die falsche Richtung führte, bis zum bitteren Ende. Hätte man einen Kompass (sprich: Masterplan[223]) benutzt, hätte dieser in Richtung Erfolgsweg geführt. Ein Kompass als Orientierungshilfe hat schon vielen wieder auf den richtigen Weg geholfen.
Weshalb der Weg von Hannover 96 in die falsche Richtung führen musste, wurde bereits beschrieben: Ein Kapitän, der die falschen Leute ans Steuer stellte, zu viele Stürme und Untiefen, die den Kurs behinderten und zu Umleitungen führten, ohne Navigation, ohne Plan, ohne Orientierungshilfe, ohne Blick durch den Sextanten, der die Zukunft als Ziel anvisiert. Nun gilt es neue Orientierung zu finden, einen neuen Wegeplan zu entwickeln, den Sextanten zu justieren und einen Kompass zu benutzen.
Es reicht nicht, den neuen Weg allein mit Schlagworten wie "*Neuaufbau*", "*Neustart*" oder "*Neuanfang*" zu beschreiben. Alter Ballast muss über Bord, denn dieser belastet nur auf dem Weg zum Aufstieg. Sind bei 96 die entscheidenden Positionen in der sportlichen Leitung so besetzt, dass das gelingen kann? Wir meinen: NEIN. Es ist zu erwarten, dass die bisherigen Protagonisten weiter eingefahrene Wege verfolgen.
Hannover 96 braucht Orientierung mit Weitblick. Dies kann aber nur jemand bieten, der über den Tellerrand blicken kann, der andere Horizonte am Ende eines Weges gesehen hat, der Pläne entwickeln und lesen kann, der ein Ziel auf neuen Wegen erreichen kann, jemand, der die Zukunft lebt, statt in der Gegenwart zu verharren.[224] Es braucht Verantwortliche, die, wie es Martin Kind ausdrückte, nicht nur nach der Prämisse handeln, "*das haben wir immer so gemacht*". Wenn Martin Kind seinen eigenen Worten folgt, dass sol-

---

223 vgl. Abschnitt "Masterplan", Seite 70ff

224 vgl. Abschnitt "Führungsstruktur – Personalien", Seite 150ff

che Leute bei ihm verloren hätten[225], dann sollte er schnellstens den Weg für Leute frei machen, die nicht nur so handeln, wie "*wir es immer schon gemacht haben*".

Das Ziel

Nach dem Abstieg ist vor dem Aufstieg. So platt könnte das Ziel von Hannover 96 beschrieben werden.
Ein Bergsteiger würde es anders beschreiben: Nach dem Aufstieg ist vor dem Abstieg. Aber Hannover 96 mit einem Bergsteiger zu vergleichen wäre unpassend. Dazu hat der Verein bisher den Beweis jeglicher Gipfel- und Höhentauglichkeit vermissen lassen.
In einem Interview mit der ZEIT sagte Reinhold Messner:

> *"Wenn man nach unten schaut, sieht alles gleich aus. Man blickt in den Abgrund, man kann das Gelände nicht übersehen. Der Abstieg ist brutal."*[226]

In dem NDW[227]-Hit der Gruppe Trio aus Großenkneten *"Da Da Da"* heißt es in einer Zeile:

> *"Was ist los mit dir mein Schatz? Aha.*
> *Geht es immer nur bergab? Aha."*

Nein, "immer nur bergab" kann nicht das Ziel sein, das 96 erreichen will. Es muss das Ziel neu definiert werden.

Ist der Weg das Ziel?

Wie sagte es Konfuzius?

"Der Weg ist das Ziel"

"*Der Weg ist das Ziel bei Hannover 96*", so überschrieb auch NDR.de am 29.07.2015 einen Artikel über die Saisonvorbereitung von Hannover 96.[228]

---

225 Quelle: Neue Presse Hannover: "Kind: 'Wir müssen wieder direkt aufsteigen'" vom 16. Mai 2016.

226 Quelle: DIE ZEIT Nr. 20/2015: "Der Abstieg ist brutal" vom13. Mai 2015.

227 NDW = Die Neue Deutsche Welle (NDW) ist die Bezeichnung für die deutschsprachige Variante des Punk und New Wave, die ab 1976 aufkam und Anfang der 1980er Jahre ihren kommerziellen Höhepunkt erfuhr. – wikipedia.de

228 Quelle: NDR online: "Der Weg ist das Ziel bei Hannover 96" vom 29. Juli 2015.

Der Weg als Ziel ist das Leitmotto Orientierungsloser, die in Ermangelung eines klar gesteckten Zieles kurzerhand den Weg dahin als eigentlichen Sinn ihres Handelns postulieren.
Die Vorzüge dieses Mottos liegen auf der Hand: Die Definition eines kurz-, mittel- oder langfristigen Ziels erfordert Weitblick und visionäre Kraft. Eigenschaften, die den meisten nicht mehr zur Verfügung stehen.
Orientierungslose verstehen nicht, dass das Erreichen eines Zieles vor allem eines darstellt: das Ende, den Gipfel. Übertriebener Zielfokus und uneindeutige Zielformulierungen führen zu enttäuschenden Resultaten. Dafür steht das Unternehmen Hannover 96 exemplarisch.

Zielformulierung für 2010/11:

> *"Nach den Ereignissen der abgelaufenen Saison ist das Ziel, die Mannschaft wieder langfristig zu stabilisieren und frühzeitig den Klassenerhalt zu sichern. Künftig soll aber auch weiterhin der Fokus auf dem Erreichen der oberen Tabellenhälfte sowie das Erreichen eines internationalen Wettbewerbs stehen."*

Tatsächlich wurde 2011 Tabellenplatz 4 erreicht. Ziel erreicht, die Zielformulierung war zielführend, aber trotzdem nicht eindeutig und bestimmt. Denn als Ziel wurde zwar der Weg zum Gipfel formuliert und damit eine gewisse Orientierung gegeben, aber Weitblick und visionäre Kräfte konnten nicht entfaltet werden.[229]

Zielformulierung für 2011/12:

> *"Die Mannschaft hat sich in der Saison 2010/11 deutlich stabilisiert. Die weitere Entwicklung dieser Mannschaft ist auch fortan das Ziel. Sportlich betrachtet wird es schwierig sein, den 4. Tabellenplatz der abgelaufenen Saison zu wiederholen. Dennoch ist es das Ziel, Hannover 96 langfristig im oberen Tabellendrittel zu etablieren. Das erneute Erreichen eines internationalen Wettbewerbs ist zudem durch den für den Deutschen Fußball zurückerworbenen weiteren Champions-League-Qualifikationsplatz und der Tatsache, dass zukünftig auch Platz 6 in der Tabelle zur Qualifikation in der Europa-League berechtigt, durchaus möglich."*[230]

---

229 Jahresabschluss Hannover 96 GmbH & Co. KGaA per 30. Juni 2011.

230 Jahresabschluss Hannover 96 GmbH & Co. KGaA per 30. Juni 2012.

Diese Zielformulierung ist noch weniger eindeutig. Es war nicht mehr der Gipfel das Ziel, sondern nur noch der Weg dorthin. Damit erreichte man 2012 immerhin noch Tabellenplatz 7.

Zielformulierung für 2012/13:

> *"Die Mannschaft hat sich trotz der hohen Anzahl von insgesamt 50 Pflichtspielen gut stabilisiert. Es bleibt weiterhin das Ziel, Hannover 96 langfristig im oberen Tabellendrittel zu etablieren. Das erneute Erreichen der Gruppenphase eines internationalen Wettbewerbs ist zudem ein Indiz, dass die Mannschaft fähig ist, auch in Zukunft auf diesem Niveau - national und international - zu spielen."*[231]

Ohne eindeutige Zielformulierung keine Orientierung. Für diese Saison fehlte jegliche definierte Zielangabe. Lediglich die Feststellung des Status quo reichte nicht aus. Folgerichtig ging es weiter bergab, auf Tabellenplatz 9.

Zielformulierung für 2013/14:

> *"Die Mannschaft hat sich trotz der erneut hohen Anzahl von diesmal 49 Pflichtspielen gut stabilisiert. Der Kader ist zur neuen Saison auch in der Breite noch besser aufgestellt worden. Die weitere Entwicklung dieser Mannschaft bleibt auch fortan das Ziel. Sportlich betrachtet muss es das Ziel sein, über die Platzierung in der Bundesliga wieder einen internationalen Wettbewerb zu erreichen. Das Verpassen eines internationalen Wettbewerbs in der abgelaufenen Saison ist zudem zusätzliche Motivation, dass Mannschaft und Umfeld gewillt sind, in Zukunft wieder auf dieses Niveau zurückzukehren."*[232]

Auch hier ging man in der Zielformulierung nicht mehr den Weg der Eindeutigkeit. Das Ziel wurde nicht mehr definiert, der Weg nur vage beschrieben. Folglich ging es statt zum Gipfel auf dem Weg zum Abstieg weiter, der aber noch vor dem Ende des Weges unterbrochen werden konnte. 2014 - Tabellenplatz 10.

Zielformulierung für 2014/15:

> *"Der Umbruch der Mannschaft ist weit vorangeschritten. Es gilt, die neuen Spieler schnell zu integrieren und sportliche Stabilität zu erlangen. Der Trainer und sein Team hatten die Möglichkeit, die Mannschaft*

---

231 Jahresabschluss Hannover 96 GmbH & Co. KGaA per 30. Juni 2013.

232 Jahresabschluss Hannover 96 GmbH & Co. KGaA per 30. Juni 2014.

nach eigenen Vorstellungen zu gestalten, nachdem dies zu Beginn der Rückserie nur bedingt möglich war und der Klassenerhalt erst am 32. Spieltag rechnerisch perfekt gemacht wurde. HANNOVER 96 hat einen großen finanziellen Rahmen geschaffen, um zukünftig wieder den Weg in das obere Tabellendrittel zu gehen und kurz- bis mittelfristig die Teilnahme an einem internationalen Wettbewerb zu ermöglichen."[233]

Wieder wurde nur der Weg beschrieben der jegliche Eindeutigkeit, visionäre Kräfte und Weitblick als eindeutig bestimmte Zielorientierung vermissen ließ. Ohne jegliche Zieldefinition ging es daher im Ergebnis weiter abwärts. 2015 – Tabellenplatz 13.

Nach der enttäuschenden Saison 2014/15, die wieder einmal im Abstiegskampf mündete, war die Zielformulierung für die Saison 2015/16 bei 96: "*Nichtabstieg*". Das ist zwar durchaus eindeutig, zeigt aber nicht zum Gipfel, sondern beschreibt nur einen Weg, der den "*Abstieg*" in der Begriffsdefinition einschließt.

Kann man damit das Erreichen eines Zieles darstellen, dass das Ende, den Gipfel erreicht? Nein, bestimmt nicht. Und damit bestätigt sich auch, dass die Definition eines kurz-, mittel- oder langfristigen Ziels Weitblick und visionäre Kraft erfordert. Ohne diese Eigenschaften landet man irgendwann dort, wo Hannover 96 nach der Saison 2015/16 gelandet ist, nämlich im Tal der Tränen und nicht auf dem Gipfel des Erfolges. Auch in dieser etwas philosophischen Betrachtung ist aber eines ganz deutlich sichtbar: Ein Weg, der als Ziel eindeutig nur einen schleichenden Abstiegsprozess beschreibt.

Mit diesen Ausführungen endet die Formulierung weiterer Ziele noch nicht. Aber es reicht nicht aus, für die nächste Saison als Ziel den Wiederaufstieg auszugeben. Es gilt, mit Weitblick und visionärer Kraft den Gipfel zu erreichen – und damit ein nachhaltiges Zukunftskonzept zu gestalten. Wenn man dieses Vorhaben nicht sofort angeht, und zwar ohne Kompromisse und mit einem visionären Geschäftsmodell und einem wettbewerbsfähigen Produkt, dann wird die weitere Zieldefinition nach dem Wiederaufstieg zwangsläufig Nichtabstieg lauten. Das wäre dann der Eintritt in eine Endlosschleife, der Weg bliebe allein das Ziel – als Leitmotiv Orientierungsloser, ohne jemals wirklich einen Gipfel zu sehen.

---

233 Jahresabschluss Hannover 96 GmbH & Co. KGaA per 30. Juni 2015.

Die Zukunft

Wie drückte es Martin Kind einmal aus?

> *"[...] Der Bundesligafußball bei Hannover 96 lebt im Wesentlichen noch vom Tagesgeschäft und Tagesentscheidungen. Den nächsten Schritt konnten wir bisher noch nicht erfolgreich erreichen."*[234]

Und nach der Saison 2014/15 erklärte Martin Kind:

> *"[...] Eine schwierige Saison konnte mit dem Klassenerhalt abgeschlossen werden. Nunmehr gilt es die Herausforderungen der Zukunft anzunehmen."*[235]

Was dabei dann in der Saison 2015/16 rausgekommen ist, ist ja nun hinlänglich bekannt.

> *"Weiterentwicklung bedarf immer auch gewisser Visionen",*

auch das hat Martin einmal in einem Interview gesagt.[236]

> *"Nach meiner Einschätzung wird sich der Fußballmarkt in den nächsten Jahren deutlich verändern und er wird wachsen."*[236]

> *"Nur wenn Hannover 96 oder andere Klubs vergleichbarer Größe international spielen, ist die Chance, einen Umsatz von über 100 Millionen Euro zu erreichen, gegeben. Das ist eine Zielgröße, die deutlich macht, dass man dann auch notwendige und angemessene Erträge erwirtschaften kann. Die Investitionen in die Infrastruktur und die Investitionen in die Mannschaft eröffnen die Perspektive einer erfolgreichen sportlichen und wirtschaftlichen Entwicklung."*[236]

All diese Aussagen Martin Kinds sind in die Zukunft gerichtet und sie könnten Leitlinie für den Weg von 96 in die Zukunft sein. Aber es gibt einen gravierenden Unterschied zwischen Anspruch und Wirklichkeit.

> *"Auch Hannover 96 ist heute ein Wirtschaftsunternehmen. Doch der Profifußball ist anders aufgestellt als das normale Wirtschaftsleben. Es*

---

[234] Quelle: Brief von Martin Kind an die Autoren vom 3, Februar 2014

[235] Quelle: Brief von Martin Kind an die Autoren vom 1. Juni 2015

[236] Quelle: Spox.com: "Weiterentwicklung bedarf Visionen" vom 8. September 2014

fehlt an Planungssicherheit. Wobei ich schon glaube, dass man auch im Sport eine Planungssicherheit von vielleicht 70 Prozent erreichen kann. Das Produkt aber ist volatil. [...]"[237]

Solche Aussagen sind es, die die eigenen Ansprüche wieder relativieren. Denn die anderen Marktteilnehmer stehen unter den gleichen Wettbewerbsbedingungen. Genau in dieser Einstellung liegt der Unterschied zwischen Erfolg und Misserfolg. Wer nämlich diese Marktbedingungen uneingeschränkt annimmt, Strategien, Ideen und Visionen entwickelt, der kann die restlichen 30 Prozent der fehlenden Planungssicherheit ausgleichen und ein stabiles und weniger fragiles Produkt entwickeln. Zukunft erreicht man nicht, indem man immer wieder betont, wie schwer es ist, diese zu erreichen. Zukunft erreicht man, indem man die Herausforderungen annimmt.

Zukunft ist aber keine One-Man-Show, sondern ein Gemeinschaftsprojekt der besten Köpfe eines Unternehmens, ein Bündnis für Erfolg. Hannover 96 hat nur einen Kopf, der die Zukunft formuliert, aber es fehlt an Köpfen, die Zukunft denken und leben können.

Die Gestaltung der Zukunft im Profifußball ist nicht nur ein sportlicher Wettbewerb, es geht auch um einen Benchmark-Wettkampf und eine ständige *competition for talents*[238]. Um den sportlichen Wettkampf bestehen zu können, müssen auch die anderen Wettbewerbe gewonnen werden.

Das gelang Hannover 96 in den letzten Jahren nicht. Dabei waren alle Parameter für einen erfolgreichen Benchmark-Wettbewerb gegeben. Der Verein kann mit seinen Gesellschaftern aus einer hervorragenden Unternehmer-Expertise schöpfen. Nicht viele der aktuellen Bundesligaklubs können eine solch geballte unternehmerische Kompetenz aufweisen. Hinzu kommt, dass Hannover über eine komfortable Infrastruktur mit einem WM-Stadion und einem begeisterungsfähigen Einzugsgebiet verfügt. Dennoch ist es nicht gelungen, diese einmalige Konstellation in wertschöpfende Impulse umzusetzen.

Das muss anders werden. Der Unternehmerklub muss es schaffen, die Köpfe im Unternehmen mit Wissen von außen um das Erreichen von unternehmerischen Zielen zu füllen. Die reinen Absichtserklärungen müssen mit Leben erfüllt und die besten Köpfe[238] für Ideen und Visionen gewonnen werden. Dann gibt es auch wieder einen Weg zurück in die Zukunft für Hannover 96.

---

[237] Quelle: Spox.com: "Weiterentwicklung bedarf Visionen" vom 8. September 2014.

[238] vgl. Abschnitt "Reputation als Arbeitgebermarke", Seite 50ff

"Weiterentwicklung bedarf Visionen." (Martin Kind - 2014)

Genau wie die Politik nach dem Brexit einen Strukturwandel und eine Erneuerung der EU und seiner Institutionen fordert, so hätte auch 96 den BuLixit als Chance für einen strukturellen Neubeginn nutzen sollen, statt allein nur auf einen sportlichen Neubeginn zu setzen. Denn anders als für die Briten in der EU kann es für 96 ein Comeback in der Bundesliga geben.

Netzwerke

Eine externalisierte Netzwerkstruktur bei den Geschäftsprozessen hat sich im Profifußball und bei Hannover 96 bisher noch nicht entwickelt. Ansätze dahin waren bislang eher kontraproduktiv, weil Geschäftsbereiche betroffen waren, die zu den Kernkompetenzen eines Fußballunternehmens gehören sollten.

Netzwerke stellen sich im Allgemeinen allenfalls in Form von Kommunikationsplattformen durch Hospitality-Maßnahmen dar. Das sind sogenannte Beziehungsnetzwerke, die vorrangig der Kundenbindung und Geschäftsanbahnung durch die Geschäftspartner selbst dienen. Somit sind dies keine Netzwerke, die direkt in die Geschäftsprozesse des Profifußballunternehmens greifen, sondern ein Angebot an die Kundenklientel des Klubs darstellen.

Netzwerke für die Geschäftsprozesse und Expansion in weitere Geschäftsbereiche[239] sind dagegen nicht bekannt. Außer einer Beteiligung von 49 Prozent an der primetec GmbH, den Security- und Facilitydienstleister der Arena, hat Hannover 96 keine weiteren Geschäftsbeteiligungen oder Netzwerke, die die Geschäftsprozesse nachhaltig unterstützen oder ergänzen.

Hier gibt es aufgrund der vermeintlichen Wettbewerbssituation unter den Klubs des Profifußballs kaum Ansätze. Lediglich die über den Ligaverband (DFL) geknüpften Beziehungen sind zu erwähnen. Diese sind aber allein der Organisation des Spielbetriebes und der gemeinsamen Vermarktung der Marke Bundesliga geschuldet. Networking findet so nicht statt.

Auf der Ebene der Geschäftsprozesse gibt es allenfalls bilaterale Verknüpfungen, so etwa bei der Ausgliederung des Geschäftsbereiches "*Vermarktung, Rechte und Lizenzen*" als externalisierte Honorarleistungen, etwa an Vermarkter wie Sport Five (Lagardère Sports Germany GmbH).

Bei der Entscheidung, welche Geschäftsprozesse von einem Profifußballunternehmen nicht selbst erbracht werden müssen, sollte der Grundsatz gelten:

---

[239] vgl. Abschnitt "Die strategischen Möglichkeiten", Seite 162ff

"Do what you can do best – outsource the rest."

Es geht dabei um die Definition von Kernkompetenzen. Wenn ein Unternehmen "*Vermarktung, Rechte und Lizenzen*" nicht zu seinen Kernkompetenzen zählt[240], so ist das als grenzwertig einzustufen. Wenn dagegen aber die Logistik, also Lagerhaltung, Distribution und Vertrieb von Merchandisingartikeln, als Geschäftsprozess zu den Kernkompetenzen[241, 242] gezählt werden und somit die Leistungserstellung hierfür im Unternehmen erfolgt, so sollten die zugrunde liegenden betriebswirtschaftlichen Überlegungen überprüft werden.

Mit dem oben Ausgeführten soll darauf hingewiesen werden, dass die Geschäftsprozesse bei Hannover 96 eindimensional ausgerichtet sind und weder Veränderungsprozesse generieren noch eine dezentrale Entscheidungsfindung ermöglichen. Das Denken und Arbeiten in externalisierten Netzwerken und die dadurch entstehenden Möglichkeiten durch Informationstechnologie und Kommunikation werden nicht genutzt.

Die Prozesse im Unternehmen sollten analysiert werden, um festzustellen, welche Quasi-Externalisierung für das Unternehmen disaggregiert werden könnte, so dass auf diese Weise hochgradig autonome, marktlich geführte interne Einheiten entstehen würden.[242]

Wir sehen hier z.B. ein Netzwerk aus Profifußballunternehmen (national – international), in dem Berater- und Vermittlungsleistungen für Spieler und Trainer zusammengefasst werden, also ein Gegensatz zu dem intransparenten und zwielichtigen System der Spielerberater[243].

Auf diese Weise könnten die enormen Aufwendungen für die Beraterhonorare (Marktvolumen 1. + 2. Bundesliga 2016 ca. 147 Mio. Euro[244]) eingespart werden. Zudem könnte ein Klub selbst als Gesellschafter o.ä. an den Geschäftsvorgängen partizipieren und gleichzeitig von der Transparenz einer solchen Externalisierung profitieren. Einer möglicherweise dagegenstehenden Regelung nach § 10 Abs. 2e LO der DFL[245] kann man mit den Worten von Martin Kind begegnen:

---

240 vgl. Abschnitt "Führungsstruktur – Personalien", Seite 150ff

241 vgl. Abschnitt "Marketing – Geschäftsprozesse", Seite 86ff

242 vgl. Abschnitt "Die strategischen Möglichkeiten", Seite 162ff

243 vgl. Abschnitt "Gut beraten mit Berater", Seite 122ff

244 Quelle: DFL Deutsche Fußball Liga GmbH: Übersicht Club-Zahlungen an Spielervermittler. Zeitraum 15.03.2015 bis 15.03.2016.

245 Lizenzierungsordnung (LO) der Deutschen Fußballliga (DFL)

"Wir haben für den deutschen Profifußball Regeln verabschiedet, die mit der Entwicklung des Marktes nicht mehr voll umfänglich korrespondieren. Wenn man Veränderungen nicht gestaltet, schaffen die Marktteilnehmer Wege der Umgehung. Das ist nicht nur im Fußball so."[246]

Ebenso wie bei einem unternehmenseigenen Spielervermittlungsnetzwerk wäre dann auch eine Kooperation als Wertenetzwerk in Form von Trainerpools[247] möglich.

Aber auch Wertenetzwerke für den Nachwuchsbereich, wie wir es in einem Ideen-Konzept für interdisziplinäre Leistungssportnachwuchsausbildung als Campus-Projekt[248] skizziert haben, wären denkbar. Dabei geht es um sportliche und infrastrukturelle Ressourcen-Bündelungen, in dem eine Zusammenfassung von ökonomischer Wertschöpfung, sportlicher Leistungsnachwuchsausbildung, Schule/Ausbildung/Weiterbildung, Sporttechnikentwicklung, Wissenstransfer und Technologie-Entwicklung über einzelne Sportdisziplinen hinaus, also interdisziplinär, erfolgt. Damit wird ein flexibles strategisches Rahmenkonzept zum Stakeholder Approach geboten, also ein Wertenetzwerk.

Statt verschulter Ausbildung und Kaderbildung geht es um Wissens- und Know-how-Transfer, und zwar interdisziplinär. Das wäre für Hannover 96 eine exzellente Ergänzung zum eigenen Nachwuchsleistungszentrum.

Als Beispiel, wie Netzwerke heute im Medienbereich funktionieren, sei hier nur das RedaktionsNetzwerk Deutschland der Madsack-Gruppe oder der Rechercheverbund NDR, WDR und Süddeutsche Zeitung genannt. Netzwerke,

---

246 Quelle: Handelsblatt: "Investoren machen den Fußball professioneller" vom 15. Mai 2014.

247 "Trainerpool" ist ein Ideenkonzept, das von uns entwickelt wurde. Es soll hohe Abfindungsleistungen für Trainer vermeiden. Das Modell würde Trainerkompetenzen aus dem Semiprofi- und Profibereich zusammenfassen und koordinieren und diese dann jeweils den Klubs für einen individuellen Zeitraum überlassen bzw. zur Verfügung stellen. Die Klubs könnten dann jeweils entscheiden, ob sie einen Trainer bei vermeintlicher Erfolglosigkeit mit einem anderen Pool-Trainer austauschen wollen. So wäre eine schnelle Reaktionszeit garantiert. Dieses Modell wurde im Buch "Quo vadis, Bundesliga? Wie zukunftsfähig ist der Profifußball? Analysen und Visionen am Beispiel Hannover 96" im Kapitel "Vorgeschichte – Vision – Idee" vorgestellt.

248 vgl. Jürgen Blut: "Das Campus-Projekt" unter pro-coach-network.com/das-campus-projekt/. Das "*Campus-Projekt*" ist eine interdisziplinäre Ideen-Skizze u.a. zur besseren ökonomischen Auslastung des Biathlon-NLZ mit Internat des NSV auf dem Sonnenberg im Oberharz, aber auch anderer vorhandener Ausbildungsinfrastrukturen. Hierbei könnten bestimmte Ausbildungsformen wie z.B. Ausdauer, Koordination, Athletik interdisziplinär zusammengefasst werden.

die Know-how, Synergien und Ressourcen bündeln und dabei die Qualität des jeweiligen Produktes erheblich verbessern.
Externalisierte Netzwerke gestalten Zukunft, jedenfalls für alle Prozesse, die nicht zu den Kernkompetenzen eines Unternehmens zählen. Sie fördern Wissenstransfer und Wissensaustausch und heben ökonomisches Bündelungs- und Synergiepotenzial. Deshalb gilt es, solche Überlegungen und Analysen für den Weg zurück in die Zukunft mit einzubeziehen, insbesondere auch in den Führungsstrukturen[249] und zur Erschließung weiterer Ertrags- und Finanzierungsquellen. Damit wird dann auch die Stabilität nachhaltig gefestigt, die Wettbewerbsfähigkeit gestärkt und eine wesentlich verbesserte Ausrichtung aller Ressourcen auf Marke, Produkt und die sportliche Leistungserstellung gewährleistet.

View Into The Future

Die 20 Klubs der englische Premier League erhalten ab 2016 für die TV-Rechte 9,5 Milliarden Euro für drei Jahre (6,9 Milliarden Euro Inlandsvermarktung und 2,6 Milliarden Euro Auslandsvermarktung)[250]. Die 18 Bundesligaklubs werden ab 2017 im besten Fall 1,16 Milliarden Euro[251] pro Jahr erhalten (2016/17 = 673 Millionen Euro[252]). Die Sponsorendeals in der Premier League sind ebenso fantastisch. So erhält z.B. Manchester United von Adidas 100 Millionen Euro pro Saison.
Hierzu einmal ein Zahlenvergleich: Pro Home-Match in der Premier League erhält der ausrichtende Klub 10 Millionen Euro TV-Einnahmen. Um eine ähnliche Summe zu erreichen, müssten in der Bundesliga bei 50.000 Zuschauern im Stadion 240 Euro inkl. MwSt. pro Ticket eingenommen werden.
Jeder Klub der Premier League hat durch diese Zahlungen somit pro Jahr 150 Millionen Euro allein an Mehreinnahmen gegenüber den Bundesligaklubs. Von den 18 Bundesliga-Klubs haben 15 einen wesentlich geringeren Gesamtumsatz![253]
Da die sonstigen Kosten gegenüber diesen Mehreinnahmen nicht skalieren, können diese Einnahmen uneingeschränkt in Transfers oder Gehälter eingesetzt werden.

---

249 vgl. Abschnitt "Führungsstruktur - Personalien", Seite 150ff

250 Quelle: BILD.de: "Premier League kassiert 9,5 Milliarden Euro" vom 10. Februar 2015

251 Quelle: BILD.de: "DFL gibt Rechte-Vergabe bekannt" vom 9. Juni 2016. Saison 2017/18–2020/21 = Gesamt 4,64 Milliarden Euro

252 Quelle: Kicker.de - April 2016

253 Quelle: Handelsblatt: "Warum Jürgen Klopp eine Gefahr ist" vom 18. Februar 2016.

Sven Schmidt, geschäftsführender Gesellschafter der Hamburger ICS Internet Consumer Services GmbH, beschreibt die Situation in der Premier League wie folgt:

> *"Mehr Einnahmen führen zu besseren Spielern, dies führt zu mehr TV-Zuschauern und die wiederum führen zu mehr Einnahmen. Die sich selbst verstärkenden Effekte vergrößern den Vorsprung weiter. Die Premier League ist eine globale Plattform, die von Netzwerk- und Skaleneffekten profitiert."*[254]

Die DFL wünscht sich, in zehn Jahren eine Verdoppelung des Umsatzes in der Bundesliga von jetzt 2,6 Milliarden Euro auf 5,5 bis sechs Milliarden Euro zu erreichen. In der Saison 2016/17 werden die großen vier englischen Vereine Manchester United, Manchester City, FC Chelsea und Arsenal London voraussichtlich allein bereits mehr als 2,6 Milliarden Euro Umsatz machen. Im Jahr 2026 werden den 5,5 bis sechs Milliarden Euro Umsatz der Bundesliga 15 bis 20 Milliarden jährlicher Umsatz in der Premier League gegenüberstehen.
Das bedeutet, dass die Attraktivität der Bundesliga langfristig nachlassen wird, da die besten Spieler nicht mehr in der Bundesliga spielen und die besten Trainer nicht mehr in der Bundesliga trainieren werden. Die Bundesliga wird langweiliger - oder noch langweiliger - werden, da nur noch wenige Klubs wie der FC Bayern, evtl. die Werkklubs und vielleicht Dortmund und Schalke mit etlichem Abstand mithalten könnten. Das Produkt Bundesliga wird nicht spannender werden.

"*Der Anfang vom Ende der Bundesliga!*" so überschrieb Daniel Raecke am 28. April 2016 einen Artikel in SPIEGEL ONLINE[255]:

> *"[...] Die finanziellen Unterschiede zwischen dem FC Bayern und dem Rest der Bundesliga waren nicht schon immer so, sie bleiben in Zukunft auch nicht gleich. Sie werden immer größer. Denn je erfolgreicher jemand ist, je mehr Geld er ohnehin schon verdient, desto mehr Fernsehgelder werden ihm zugeteilt."*

> *"[...] Die Zukunft der Bundesliga sieht aber so aus: Ein über allen thronender FC Bayern, der sicher die nationalen Titel holt und für den die Liga ein 34 Spieltage langes Trainingslager für die Champions League*

---

254 Quelle: Handelsblatt: "Warum Jürgen Klopp eine Gefahr ist" vom 18. Februar 2016

255 Quelle: Spiegel-online: "Mats Hummels zum FC Bayern: Der Anfang vom Ende der Bundesliga" vom 28.04.2016.

ist. Dazu Paarungen wie Hoffenheim gegen Ingolstadt, die praktisch keinen Menschen interessieren. Wenn irgendein Konkurrent den Münchnern doch zu nahe kommen sollte, kann der FC Bayern ja immer noch einfach deren beste Spieler wegkaufen [...]."

Ein Vergleich, wie sich der Abstand des FC Bayern zu den übrigen Bundesligisten bis zum Ende der Saison 2015/16 darstellt, haben wir in der folgenden Tabelle zusammengestellt. Sie beinhaltet den Zeitraum, in dem der FC Bayern vier Meistertitel hintereinander gewann. Berücksichtigt sind dabei allein die Klubs, die in diesen vier Spielzeiten in der Bundesliga spielten.

Tabelle 13: Bundesliga 2012-2016										
		Sp	G	U	V	Tore		Diff	Pkt	Pkt-Abstand
1.	FC Bayern München	136	111	15	10	352	76	276	348	
2.	Borussia Dortmund	136	78	27	31	290	156	134	261	-87
3.	Bayer Leverkusen	136	73	28	35	243	157	86	247	-101
4.	Borussia Mönchengladbach	136	48	31	41	224	168	56	223	-125
5.	FC Schalke 04	136	63	30	43	214	182	32	219	-129
6.	VfL Wolfsburg	136	60	37	39	229	189	40	217	-131
7.	1. FSV Mainz 05	136	49	38	49	185	187	-2	185	-163
8.	FC Augsburg	136	47	31	58	165	193	-28	172	-176
9.	Eintracht Frankfurt	136	43	37	56	179	217	-38	166	-182
10.	1899 Hoffenheim	136	40	36	60	202	246	-44	156	-192
11.	Hamburger SV	136	41	28	67	158	224	-66	151	-197
12.	SV Werder Bremen	136	39	37	60	192	262	-70	154	-194
13.	Hannover 96	136	41	26	69	177	239	-62	149	-199
14.	VfB Stuttgart	136	38	30	68	178	252	-74	144	-204

eigene Auswertung
Stand: 04.07.2016

"[...] Ein paar Jahre mag das noch gut gehen, solange sich irgendwie Geld damit verdienen lässt. Aber irgendwann will so einen Scheinwettbewerb niemand mehr sehen. Dann wird der FC Bayern aber nicht sagen: 'Wir brauchen mehr Solidarität!' Er wird einfach die Pläne für eine europäische Super League aus der Schublade holen."[256] [257]

Wie dereinst bei Joe Louis, der seine Gegner reihenweise durch K.o. besiegte, was schließlich niemand mehr sehen wollte, ehe Max Schmeling durch seinen überraschenden Sieg 1936 das Boxen wieder spannend machte. So

256 Quelle: Spiegel-online: "Mats Hummels zum FC Bayern: Der Anfang vom Ende der Bundesliga" vom 28.04.2016.

257 s. auch das Kapitel "Lebt das Produkt Bundesliga noch?" in: "Quo vadis, Bundesliga? Wie zukunftsfähig ist der Profifußball? Analysen und Visionen am Beispiel Hannover 96".

spricht man auch in der Sportökonomie beim Bayern-Meisterschafts-Komplex vom Louis-Schmeling-Paradoxon.

> *"Die Attraktivität des deutschen Fußballs leidet, wenn der Sieger schon vorher feststeht",*

das sagt Klaus Zimmermann, Gründungsdirektor des Instituts zur Zukunft der Arbeit (IZA).[258]

Das Verhalten der Fans und Anhänger ihrer Vereine wird sich dahingehend verändern, dass sie nicht mehr zu 100 Prozent auf die Bundesliga und ihren Verein fokussiert sein werden, sondern einen Teil ihrer Fußballzeit im TV der Liga schenken, in der die Stars spielen. Damit wird sich auch die Aufmerksamkeit der Konsumenten verändern, was sich auf den Home Market auswirken wird. Die Werbe- und Sponsoreneinnahmen werden dann sicherlich kaum noch steigerungsfähig sein.

Um der wirtschaftlichen Übermacht der Premier League in der Zukunft etwas entgegenzusetzen, schlägt Sven Schmidt Folgendes vor:

> *[...] Meines Erachtens gibt es nur ein Rettungsszenario für die Bundesliga: die Schaffung einer gemeinsamen Liga mit der Primera Divsion, der Serie A und der Ligue1. Dann hätte man einen sehr großen Heimatmarkt mit 250 Millionen Einwohnern und vier bis fünf Leuchtturmvereine, analog zur Premier League, sowie globale Aufmerksamkeit."*[259]

Was hätte ein solches Szenario für eine Bedeutung für die Bundesliga? Der überwiegende Teil der derzeitigen Klubs, also die, die nicht die internationale Reife haben, wäre automatisch zweitklassig, die 2. Liga wäre drittklassig. Man kann sich ausrechnen, dass die nationalen Ligen sowohl für Spieler und Trainer als auch für Fans und Anhänger kaum noch attraktiv wären. Der nationale Titel hätte nur noch eine untergeordnete Bedeutung.

Für Hannover 96 sind diese Aussichten katastrophal. Denn bei einem Wiederaufstieg wäre man trotzdem zweitklassig. Ansonsten wäre man in der Drittklassigkeit versunken, wirtschaftlich und sportlich der Supergau. Der Unternehmerklub wäre keine nationale, sondern allenfalls eine regionale Marke. Die renommierten Gesellschafter wären Teilhaber an einem lokalen Unternehmen. Ihr Investment würde sich im lokalen Markt verflüchtigen. So wie Hannovers Weltmarken wie Pelikan, Geha, Sprengel, Hanomag, Telefunken

---

[258] Quelle: HAZ #43: "Die Schale, die nicht wandern darf" vom 10. Februar 2016.

[259] Quelle: Handelsblatt: "Warum Jürgen Klopp eine Gefahr ist" vom 18. Februar 2016.

oder Polydor sich verabschiedet haben, so würde es mit der Marke Hannover 96 geschehen.
Aber so weit ist es ja noch nicht, und so schnell wird es dazu auch nicht kommen. Aber das Szenario zeigt, dass Überlegungen in diese Richtung oder auch in Richtung einer eigenen Europaleague angestrebt werden. Deshalb muss für Hannover 96 nicht nur der Wiederaufstieg in die Bundesliga auf der Tagesordnung stehen, sondern eine wesentlich stärkere ökonomische Konsolidierung durch neue Geschäftsideen, Geschäftsmodelle, Diversifikation, Globalisierung, Internationalisierung und ggf. neue Investoren und neues Kapital.
Wenn Martin Kind in der Konkurrenz von der Insel keine Gefahr sieht, wie er in einem Interview mit NDR-Info[260] im Juli 2015 geäußert hat, dann klingt das nach mangelndem Problembewusstsein:

> *"Wir werden genug Angebot haben für den deutschen Markt."*

Das dürfte dann aber allenfalls noch 1B-Ware sein. Und wenn Kind weiter ausführt:

> *"Die Spieler, die auf unserer Agenda stehen, scheinen für die englischen Vereine nicht so interessant zu sein",*

so bestätigt das ja gerade, dass es sich bei den Transfers lediglich um Restposten handelte.
Wer glaubt, dass die Premier League durch den Brexit beeinflusst werden wird, weil der EU-Austritt Großbritanniens dazu führen werde, dass EU- und EWR[261]-Bürger in Großbritannien Arbeitsgenehmigungen benötigen werden, der dürfte schnellstens eines Besseren belehrt werden. Es ist zu erwarten, dass der Markt ganz schnell Umgehungsmöglichkeiten schaffen wird, damit die Briten auch weiterhin Zugriff auf die besten sportlichen Kräfte haben können.

---

260 Quelle: NDR.de: "Fußballmarkt ist Wachstumsmarkt" vom 24. Juli 2016

261 Der Europäische Wirtschaftsraum (EWR) ist eine vertiefte Freihandelszone zwischen der Europäischen Union und der Europäischen Freihandelsassoziation (EFTA). Das Abkommen vom 2. Mai 1992, das die Mitgliedstaaten der EFTA (mit der Ausnahme der Schweiz) und die Mitgliedstaaten der EU geschlossen haben, dehnt den Europäischen Binnenmarkt auf Island, Liechtenstein und Norwegen aus.

Image

Image (von engl. *image* für Bild, Abbild, Darstellung, deutsch entsprechend Ruf) bezeichnet das innere Gesamt- und Stimmungsbild bzw. den Gesamteindruck, den eine Mehrzahl von Menschen von einem Meinungsgegenstand hat (z. B. von einer Person oder Personengruppe, von einer Organisation, von einer Stadt, von einem Unternehmen, einem Produkt, insbesondere einem Markenprodukt).[262]

Das Gesamt- und Stimmungsbild von Hannover 96 wird für eine große Mehrheit, jedenfalls der Öffentlichkeit außerhalb des klubnahen Fanbereiches, u.a. auch durch einige Schlagzeilen in 2016 bestimmt:

> *"96, kalte Liebe – Hannover 96 droht der Abstieg aus der Fußball-Bundesliga – und der Rest der Stadt quittiert das mit Lethargie und Desinteresse. Warum? Weil der Club aktuell für wenig steht(!!)"*[263];
>
> *"Fünfter Bundesliga-Abstieg für Hannover 96 perfekt"*[264];
>
> *"Staatsanwalt klagt 96-Bubis an"*[265] [266]

Dieses Stimmungsbild in Verbindung mit der öffentlichen Wahrnehmung des Klubs als graue Maus[267] führt zu einer Art von Markenimagekonfusion. Wobei man hier differenzieren muss: Die klubnahen Fans[268], also die direkten Anhänger der Roten, haben kein Problem mit dem Markenimage, denn für sie zählt sowieso nur der Verein, also nur Hannover 96 und nicht das Unternehmen. Für die übrige Bundesliga-Öffentlichkeit wird Hannover 96 als Marke kaum wahrgenommen. Für diese Gruppe ist es daher fast egal, welches Image von 96 wahrgenommen wird, denn sie nimmt Hannover 96 nur noch als ehemaligen Bundesligisten mehr oder weniger rein statistisch wahr.

---

262 Quelle: Wikipedia.de

263 Quelle: HAZ vom 26. Februar 2016

264 Quelle: Freie Presse vom 24. April 2016

265 Quelle: BILD-Hannover vom 29. April.2016

266 vgl. Abschnitt "Guter Ruf fängt 'klein' an", Seite 48ff

267 vgl. Abschnitt "Die Wahrnehmung: Hannover als graue Maus", Seite 46ff

268 vgl. Abschnitt "Fankultur – Tradition + Kommerz", Seite 157ff

Aber es gibt eine wesentliche Gruppe, für die das Markenimage Bedeutung hat, und das sind die, die die Wirtschaftsbasis für das Unternehmen Hannover 96 bieten: die Sponsoren und Werbetreibenden.

"Schlechtes Image trieb Schlecker in die Krise."[269]

Das Schicksal des Drogerie-Discounters Schlecker ist bekannt. Es lässt sich also zeigen, welche Wirkung ein schlechtes Image haben kann.
Für Sportsponsoren bietet der Profifußball die Möglichkeit, ihr Unternehmen oder ihr Markenimage durch einen Imagetransfer in einer positiven Assoziation zu übertragen. Große Bedeutung hat hierbei der Stellenwert, den der Gesponserte in der Gesellschaft und in der öffentlichen Wahrnehmung hat.

Die von den Sponsoren angestrebte Imagewirkung kommt durch Schlagzeilen zustande, die von glanzvollen Siegen, von sportlichen Erfolgen berichten. Negative Ereignisse sind dagegen für die Sponsoren ein Bedrohungspotenzial. Ein negativinduzierter Imageschaden des Werbeträgers kann für die Sponsoren nicht zu unterschätzende ökonomische Auswirkungen durch sinkende Weiterempfehlungs- und Kaufbereitschaft haben[270].
Wie so etwas auf der ganz großen Bühne aussehen kann, zeigte das Sponsoring des Golfers Tiger Woods durch den Managementberatungs-, Technologie- und Outsourcing-Dienstleister Accenture. Als Woods' außerehelichen Affären öffentlich wurden, löste Accenture das Sponsoringengagement und tilgte die komplette Kommunikation inklusive der Anweisung an alle 177.000 US-Mitarbeiter, jedwede Spuren Tiger Woods' einschließlich sämtlicher Präsentationen zu entfernen. Als Auswirkungen des negativen Images durch die "*Krise Tiger Woods*" auf sämtliche Sponsoren wurden von der University of California zwischen fünf und zwölf Milliarden US-Dollar an Verlust der Börsenwerte ermittelt.
Nun lassen sich die Sponsorenwirkungen von Tiger Woods und Hannover 96 nicht vergleichen. Aber das Beispiel zeigt, wie groß das Interesse von Sponsoren an einem positiven Markenimage des Werbeträgers ist. Zwar gibt es kaum wissenschaftliche Untersuchungen, die die Auswirkungen einer negativen Imagewirkung durch die Rezipienten belegen. Dennoch schützen sich Sponsoren vor erwarteten negativen Auswirkungen, indem sie bei einer Veränderung des Markenimages des Werbeträgers ihr Engagement überprüfen oder die Höhe des Sponsorings der Imagelage anpassen.

---

269 Quelle: Hamburger Abendblatt vom 21. Januar 2012

270 vgl. The Journal of Marketing: "The behavioral consequences of service quality" von Valane A Zeithaml, Leonard L Berry, Ananthanarayanan Parasuraman, 1996.

Die Auswirkungen des Imagetransfers, den der Abstieg Hannovers nach 14 Jahren Erstklassigkeit auslösen wird, sind nicht quantifizierbar. Aber das Image des Unternehmerklubs, das 96 hat, dürfte wesentliche Risse bekommen - schließlich gilt Hannover als wirtschaftlich "erfolgreichster" Absteiger der Bundesligahistorie. Es ist zu erwarten, dass Sponsoren aus der Wirtschaft das Vertrauen in die Kompetenzen der handelnden Protagonisten und damit in die Marke Hannover 96 verlieren.
Es muss gelingen, die negative Imagespirale zu stoppen und die Reputation[271] des Unternehmens erheblich zu verbessern. Dazu muss sportliche und wirtschaftliche Stabilität erreicht und personelle Kompetenz durch eine stringente Führungsstruktur[272] entwickelt werden. Es müssen endlich die besten Köpfe gewonnen werden, damit der Unternehmerklub nicht mehr als graue Maus abgetan wird. Die Frage, ob dieser Umbruch gelingt, bestimmt die Zukunftsperspektive des Vereins maßgeblich. Quo vadis, Hannover 96?

Markenführung - Co-Branding - Testimonial

Um Marken emotional aufzuladen, wird häufig auf Maßnahmen der Markenanreicherung zurückgegriffen, wie z.B. Sponsoring, Event-Marketing oder Werbung mit prominenten Testimonials. Der Markenfit, also die Passfähigkeit zwischen der Marke und dem jeweiligen Imageobjekt, ist dabei einer der maßgeblichen Erfolgsfaktoren. Der Markenfit und die für die Marke erzielte Imagewirkung hängen dabei eng zusammen.
Markenführung oder Brand Management steht im Zusammenhang mit der Imagewirkung einer Marke. Die eigene Marke bietet dabei durch einen Markentransfer die Möglichkeit, Produkte anderer Hersteller unter der eigenen Marke zu bewerben. Man spricht hier auch von einer "Markenerweiterung" oder "Brand Extension". Die starke Marke eines Profifußballunternehmens kann eine Transferbasis zu einer Sponsorenmarke bieten - oder umgekehrt.

Hannover 96 hatte schon einmal eine solche Partnerschaft, und zwar mit der TUI als Trikotsponsor. Man fungierte also praktisch als Testimonial für TUI. Funktionen, die ein Testimonial für eine Marke erfüllen kann, sind: Zuwendung zur Kommunikation (Aufmerksamkeit), Imagetransfer von Testimonial zur Marke und umgekehrt, Intensivierung der Positionierung durch Beweiskraft.
Das Smiley-Logo war in der Bundesliga zwölf Jahre und zwei Jahre in der UEFA Europa League äußerst prominent vertreten. Die Marke TUI steht für

---

271 vgl. Abschnitt "Reputation", Seite 46ff

272 vgl. Abschnitt "Führungsstruktur - Personalien", Seite 150ff

den größten Reisekonzern weltweit. Mit ihr verbunden sind positive Assoziationen, wie Reisen, Ferien, Urlaub, Freizeit, Fernweh etc. Die Marke Hannover 96 profitierte von der internationalen Marke TUI[273], da mit ihr eine globale Wirkung und Reichweite erzeugt wurde, die durch einen Imagetransfer auf das Testimonial Hannover 96 ausstrahlte. Hier war der Imagetransfer vom Testimonial zur Sponsorenmarke wesentlich schwächer ausgeprägt als der Imagetransfer von der Marke auf das Testimonial.

Der Markenfit oder das Co-Branding, also die branchenübergreifende Zusammenarbeit von etablierten Marken zur besseren Vermarktung und zum gegenseitigen Imagetransfer, hat zwar beim Profifußball-Sponsoring eine andere Passfähigkeit als bei prominenten Personen als Testimonials. Trotzdem lassen sich grundsätzliche Eigenschaften auch hier zugrunde legen, denn es geht um die Prägung von Vertrauenswürdigkeit. Das heißt hier, dass man dem Testimonial abnehmen muss, dass es auf der gleichen emotionalen und leistungsfähigen Ebene wie die werbende Marke operieren will.

Im Falle TUI-Hannover 96 setzte das voraus, dass der Verein ebenso wie das Reiseunternehmen internationale Ambitionen hat und zumindest den eigenen Ansprüchen nach einer nationalen Marke entspricht. Diese Wirkung an Glaubwürdigkeit konnte aber aufgrund der sportlichen Situation von Hannover 96 und des Mangels an betriebswirtschaftlichen Kompetenzen der Sportgeschäftsführer und -direktoren[274] nicht erreicht werden und der Markenfit zwischen werbender Marke und Testimonial war nicht mehr ausreichend.

Es ist reine Spekulation, dass dies der ausschlaggebende Punkt gewesen wäre, aus dem die TUI das Sponsoring bei Hannover 96 nach zwölf Jahren beendete. Aber der Ausstieg der TUI war ein nicht unwesentlicher Part des gesamtunternehmerischen Abstiegsprozesses. Denn die Reputation[275] des Unternehmens Hannover 96 sowohl in der wirtschaftlichen Wahrnehmung als auch die Reputation als Arbeitgebermarke[276] haben erheblich verloren.

Der Markenfit zwischen 96 und dem neuen Sponsor, Heinz von Heiden, ist ein völlig anderer als der zwischen 96 und der TUI. Da es sich bei dem Bauträgerunternehmen um ein regionales, nicht unbedingt bekanntes Unternehmen handelt, ist der alleinige Nutznießer dieses Co-Brandings das werbende Unternehmen, das hier von der mehr oder weniger starken Prominenz der Marke Hannover 96 und der bisherigen Zugehörigkeit zur Elite des deut-

---

273 vgl. Abschnitt "Auslandsvermarktung – Internationalisierung", Seite 93ff

274 vgl. Abschnitt "Sportgeschäftsführer – Sportdirektoren - Trainer", Seite 100ff

275 vgl. Abschnitt "Reputation", Seite 46ff

276 vgl. Abschnitt "Reputation als Arbeitgebermarke", Seite 50ff

schen Fußballs profitiert. Ein Imagetransfer erfolgt deshalb auch nur in eine Richtung. Hier trägt das Testimonial eine in der breiten Öffentlichkeit nahezu unbekannte Marke auf seinen Trikots und damit in die Stadien und in die Medien.

Durch die erheblichen Veränderungen der Marktbedingungen, die der Abstieg mit sich bringt, sind die Markenführung und alle damit verbundenen Aspekte von immenser Bedeutung. Das gilt insbesondere deshalb, da angenommen werden kann, dass der bestehende Trikot-Sponsorenvertrag eine Laufzeit von drei Jahren hat und in absehbarer Zeit ein neuer Vertrag geschlossen oder ein neuer Sponsor gefunden werden muss. Die ohnehin schon recht schwierige wirtschaftliche Situation des Unternehmens Hannover 96 durch den Abstieg dürfte sich verschärfen, wenn man zu dieser Zeit noch in der 2. Liga spielen sollte. Aber selbst bei einem sofortigen Wiederaufstieg würde man in der Eliteliga voraussichtlich ja nicht gleich wieder zum unteren Mittelstand gehören, sondern zunächst nur als Aufsteiger wahrgenommen werden. Die vierzehn Jahre Zugehörigkeit zur Eliteliga sind dann vergessen, insbesondere, weil es dem Unternehmen in dieser Zeit nicht gelungen ist, sich als Marke zu etablieren.

Auf dem nicht gerade reich gesegneten Markt an Premiumsponsoren wird es für einen Zweitligisten oder für einen Aufsteiger schwer sein, einen aussichtsreichen Werbekunden zu finden, der bereit ist, das Sponsoring für die bisherigen Konditionen von kolportierten drei Mio. Euro pro Saison zu übernehmen. Neben den erheblichen Verlusten bei den TV-Geldern wird sich das in der Kasse von Hannover 96 auswirken.

Führungsstruktur – Personalien

Die Führungsstruktur des Profifußballunternehmens Hannover 96 wird in der Öffentlichkeit allgemein mit der Person Martin Kind verbunden und als patriarchalisch wahrgenommen.

In der Soziologie wird das Adjektiv patriarchalisch ursprünglich dazu benutzt, um eine von Männern (sogenannten Patriarchen) geprägte Herrschaftsform zu beschreiben. Diese Bedeutung wurde im Laufe der Zeit verallgemeinert.[277] Patriarchalisch steht auch für "*Rücksicht und Gehorsam fordernd – den Patriarchen betreffend ihm gehorsam und ihm gemäß zu sein*".

Man kann sich fragen, wie zeitgemäß eine solche Führungsstruktur ist. Ebenso bleibt offen, ob die öffentliche Wahrnehmung stimmt, ob die Führungsstruktur bei Hannover 96 also tatsächlich als patriarchalisch zu be-

277 Quelle: http://www.helpster.de/was-heisst-patriarchalisch_193421

zeichnen ist. Denn schließlich hat das Unternehmen inzwischen wieder drei Geschäftsführer (GF), nämlich Martin Kind (GF für Alles), Martin Bader (GF Sport) und seit April 2016 Björn Bremer (GF Verwaltung – vormals bereits Prokurist im Unternehmen). Auf jeden Fall ist eine solche Führungsstruktur in der Bundesliga bzw. im deutschen Profifußball systemimmanent und folgt den Strukturen, mit denen sich Vereine und Profifußballunternehmen immer noch aufstellen.

Es kann aber festgestellt werden, dass die etablierten Führungsstrukturen Hannover 96 bislang nicht zum Erfolg geführt haben. Wenn man über eine zeitgemäße und vor allem zukunftsorientierte Führungsstruktur eines Profifußballunternehmens nachdenkt, dann muss man zunächst einmal die Expertisen und Kompetenzen auflisten, die solch ein Unternehmen benötigt. Zunächst sind die drei Funktionen zu benennen, die der Hauptführungsebene zugeordnet werden müssen: Finanzen, Marketing[278] und Produktion (sportliche Leistungserstellung). Das sind zwei kaufmännisch-administrative Bereiche und ein sporttechnischer Bereich. Das zeigt, dass die Gewichtung in einem solchen Unternehmen in Richtung 'ziviler' Unternehmensaufgaben zielt, will heißen, dass ohne die Kompetenzen der kaufmännisch-administrativen Aufgaben keine sportliche Unternehmensaufgabe erfüllt werden kann. Wir führen hier den Begriff "Zivil" als Antonym zu "Sport" ein.

Die zivile Funktion Finanzen beinhaltet dabei das Finanzcontrolling, Etat- und Investitionsplanung, die monetäre Versorgung und Steuerung zwischen Kapitalbeschaffung und Kapitalverwendung, Finanzierung von Investitionen, Abwicklung des Zahlungsverkehrs, aber auch das Vertragsmanagement einschl. der Spielerberateraktivitäten[279]. Das ist im Grundsatz eine Aufgabenstellung, die zunächst außerhalb des eigentlichen Sportbereiches liegt.

Die zivile Funktion Marketing[278] umfasst in erster Linie die marktorientierte Unternehmensführung. Die Marketing-Management-Prinzipien aus der allgemeinen Betriebswirtschaftslehre werden dabei auf das Produkt Sport angewandt, wobei nicht in erster Linie der Sportkonsument im Fokus der Aufgabe stehen sollte, sondern die Vermarktung des Produktes auf der Sponsoren- und Werbeebene. In der Hauptsache gilt es, Werbetreibende zur Erhöhung ihres Bekanntheitsgrades und Imagetransfers durch das als Kommunikationsplattform genutzte Sportleistungsprodukt zu gewinnen. Deswegen sollte die Funktionsbeschreibung nicht Sportmarketing oder Marketing im

---

278 vgl. Abschnitt "Produkt - Marketing - Geschäftsprozesse", Seite 79ff

279 vgl. Abschnitt "Gut beraten mit Berater", Seite 122ff

Sport, sondern Marketing durch Sport[280] heißen. Ebenso sollten die Funktionen der Diversifizierung[281], strategische Opportunitäten[282] und internationale Vermarktung[283] in diesem Managementbereich angesiedelt sein.
Wenn man diese Strategie konsequent weiterverfolgen würde, dann wäre der Bereich Rechte und Lizenzen, der bei Hannover ebenso wie die Vermarktung extern bei Lagardère Sports Germany GmbH (Sport Five) angesiedelt ist, als unabhängige Selbstvermarktung in eigener Leistungserstellung zu übernehmen.[282] Dadurch wäre das Unternehmen in der Vermarktung autonom, es würde mehr Nachhaltigkeit vorhanden sein, es wäre eine ausbalancierte Strategie möglich, eine selbstbewusstere Marktposition gegeben und eine "*Wir-sind-Wir*"- statt einer Retortenvermarktung gewährleistet.
Diese zivilen Funktionen sind in der Organisationsstruktur erfolgreicher Wirtschaftsunternehmen auf Unternehmensführungsebene angesiedelt. Unternehmensführung – im prozessualen, funktionalen wie im institutionellen Sinn – hat mit Wirksamkeit, Systematisierung, Professionalisierung, zielgerichteter Steuerung, effizientem, ökonomischem Handeln und Wissens- und Know-how-Transfer zu tun. Und genau diese Funktionen sind deshalb auch nicht unabdingbar nur mit einer systemimmanenten Sportwirtschaftsausbildung verknüpft, sondern leiten sich aus einem allgemeinen Wissen um Unternehmensführung, Ökonomie und Marktkommunikation ab. Hier geht es einzig und allein um multifunktionale, wirtschaftliche Kompetenz. Und diese Kompetenzen sind bei einer Persönlichkeit aus der Wirtschaft sicherlich wesentlich breiter ausgebildet als bei einem rein auf dem sportlichen bzw. fußballsportlichen Gebiet ausgebildeten oder tätigen Manager.
Es geht in einer Führungsstruktur insbesondere darum, die zivilen und sportlichen Kompetenzen so zu bündeln, dass alle Einflussgrößen für das Unternehmen, die Marke und die Produktentwicklung ziel- und zukunftsorientiert, effizient und effektiv genutzt werden können. Deshalb sollte die Führungsarchitektur die zivilen Funktionen zunächst stringent operativ von den sportlichen Funktionen trennen, um die so verfügbaren Ressourcen strategisch auf der Führungsebene zur Erreichung spezifischer Produktentwicklungsziele und zur Steigerung der Leistungsqualität zusammenzuführen. Dadurch wird die strategische und wirtschaftliche Performance und Qualität gesteigert.
Die zivilen Funktionen mit Funktionsträgern mit einer besonderen Leidenschaft für Profifußball zu besetzen, die bereits erhebliche Erfahrungen in

---

280 vgl. Abschnitt "Produkt - Marketing - Geschäftsprozesse", Seite 79ff

281 vgl. Abschnitt "Diversifikation", Seite 91ff

282 vgl. Abschnitt "Die strategischen Möglichkeiten", Seite 162ff

283 vgl. Abschnitt "Auslandsvermarktung – Internationalisierung, Seite 93ff

mittelständischen oder größeren Unternehmen gesammelt haben und dort erfolgreich tätig waren, würden neue Impulse in die statischen Strukturen eines Profifußballunternehmens bringen. So könnte Hannover 96 eingefahrene und zum Teil sehr verkrustete Wege verlassen, innovativ eine Vorreiterrolle übernehmen und eine Benchmark für die Profifußballindustrie setzen, frei nach dem Motto: "*Geschäft ist Geschäft plus Sport ist Sport = Erfolg ist Erfolg*".
Eine solche Konstellation würde auch den sportlich verantwortlichen Funktionsträger von Aufgaben wie Unternehmensentwicklung, Marketing, Kommunikation, Etatplanung etc. entlasten, so dass dieser seine sämtlichen Ressourcen auf die sportliche Leistungserstellung und Produktentwicklung konzentrieren kann.
Eine mehrdimensionale Organisationsstruktur wird in der Sportwirtschaftsliteratur als realistisch angesehen.[284] Aber entgegen der Literatur, die für sämtliche Funktionen sportspezifische Funktionsträger favorisiert, meinen wir, dass gerade hier Kompetenz von außen die Monostruktur und Systemimmanenz entflechten und somit die eindimensionale, fußballspezifische Sichtweise, oder platt ausgedrückt Betriebs- oder Branchenblindheit, überwinden kann.
Übrigens, der 1. FC Kaiserlautern geht seit April 2016 den hier beschriebenen Weg. Er hat die Vorstandsposten Finanzen und Marketing/Vertrieb mit Persönlichkeiten aus der Wirtschaft besetzt, u.a. mit einem ehemaligen Manager von CocaCola.

Nachwuchsausbildung - NLZ

Nach dem Profibereich hat Bader mit seiner Nürnberg-Connection auch den Nachwuchsbereich im Griff. Die Neue Presse Hannover berichtet am 21.04.2016, dass Martin Bader das Scouting im Nachwuchsleistungszentrum mit einer weiteren Person "*seines Vertrauens*" - Martin Przondziono - besetzt habe, den der Geschäftsführer aus Nürnberg kenne.[285]
Damit zeigt Bader genau in die Richtung, die hier bereits analysiert wurde, nämlich, nur auf bekannte Ressourcen zurück greifen zu können. Sein Netzwerk reicht wahrscheinlich auch gerade einmal bis Nürnberg.

---

284 vgl. F. A. Thomas Kupfer: "Erfolgreiches Fußballclub-Management". DIE WERKSTATT: 2006, S. 42ff.

285 Quelle: Neue Presse Hannover: "Hannover 96: Neuer NLZ-Leiter, neuer Scout" vom 21. April 2016.

Die einfache Adaption von Personalressourcen aus bekannten Strukturen ist sicherlich nicht ein Weg, der von Kreativität und Innovationsfähigkeit zeugt. Und wenn man schon keinen Plan und kein Konzept hat, dann beginnt man reflexartig einfach eine Personalrochade. So wurde dann auch gleich noch der NLZ-Leiter ausgetauscht – Jan-Moritz Lichte für Nicolas Michaty.
Auf ein Neues also. Mit "neuem" Personal will man nun das bisher Versäumte aufholen. Alles reiner Aktionismus, ohne aber neue Strukturen zu schaffen. Dazu passt, dass am 4. Juli 2016 der administrative Leiter des NLZ, Jens Rehhagel, verabschiedet wurde[286], unter dessen Ägide sich die diversen 'Abweichungen'[287] abgespielt haben. Aber statt diesen personellen Wechsel für einen echten Neustart zu nutzen, kommt mit Dominic Prinz ein Mann aus den eigenen Reihen. Zuvor war Prinz als Assistent der Geschäftsführung und als Teammanager bei den Roten beschäftigt. Eine besondere Qualifikation für so einen wichtigen Posten an der Schnittstelle zwischen FuE[288] und Profiprodukt hat er nicht.
Was macht eine gute Nachwuchsarbeit aus? Es gibt zwar kein veröffentlichtes offizielles Ranking, doch nach Recherche der Autoren gibt es vier Klubs, die die höchste Wertung erreicht haben, nämlich drei Sterne plus (Effektivität und Durchlässigkeit[289]): Borussia Mönchengladbach, der SC Freiburg, Hertha BSC und Bayer Leverkusen.

---

286 Quelle: Neue Presse Hannover, Artikel: "Alle Bosse weg: Hannover 96 trennt sich von Rehhagel" vom 5. Juli 2016

287 vgl. Abschnitt "Guter Ruf fängt 'klein' an", Seite 48ff

288 vgl. Abschnitt: "Forschung und Entwicklung (FuE) – Potential- und Ausbildungsinnovation, Seite 73ff

289 Gemeinsam mit DFB und DFL zertifiziert die belgische Agentur *Double PASS* die Nachwuchs-Leistungszentren der deutschen Klubs.

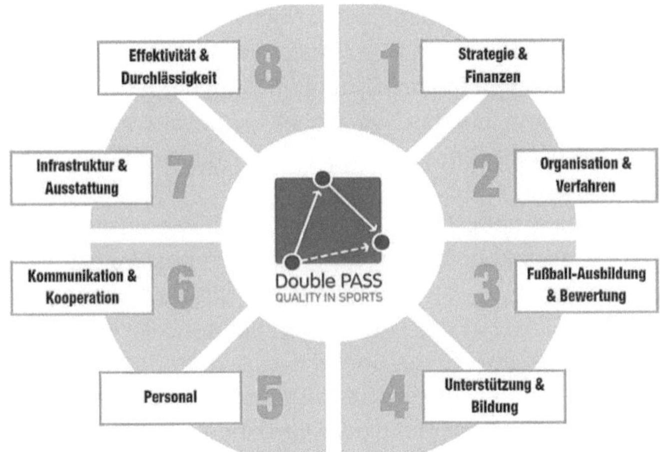

Abbildung 3: So funktioniert die Zertifizierung von Leistungszentren[290]

Darüber hinaus sind nach einem von BILD.de 2014[291] veröffentlichten Ranking folgende Klubs mit drei Sternen bewertet:
BVB Borussia Dortmund, Schalke 04, TSG 1899 Hoffenheim, HSV, VfB Stuttgart, Eintracht Frankfurt, Werder Bremen, 1. FC Nürnberg, VfL Wolfsburg.
Des Weiteren wurden auch noch im Januar 2015 der FC Ingolstadt, im Februar 2015 die Spvgg. Greuther Fürth, im Juli 2015 Arminia Bielefeld und RB Leipzig und im Februar 2016 der BTSV Eintracht Braunschweig mit drei Sternen für ihre Nachwuchsleistungszentren ausgezeichnet.
Was bringt eine solche Zertifizierung? Zunächst einmal Fördergelder vom DFB, wobei gilt: Je mehr Sterne, desto mehr Fördergelder. Daneben fungiert ein ausgezeichnetes NLZ aber auch als Aushängeschild für jeden Verein, der sich zukunftsorientiert und professionell präsentieren will. Nicht zu vernachlässigen ist in dieser Hinsicht auch die Attraktivität, die ein hervorragendes NLZ auf junge Talente in der Region, aber auch in ganz Deutschland ausstrahlt.
Wo ist Hannover 96 gelistet? Selbst bei den Wertungen mit einem oder zwei Sternen sind die "Roten" nicht zu finden. Das soll mit dem Bau des neuen NLZ auf dem Gelände des Eilenriedestadions, das 2017 den Betrieb aufnehmen soll, anders werden. Der Verein befindet sich aber im Zugzwang: Nach der Einschätzung von Martin Bader wird es noch fünf weitere Jahre dauern, bis sich erste nachhaltige Erfolge der neuen Strukturen zeigen wer-

290 Quelle: DFB.de: "So funktioniert die Zertifizierung von Leistungszentren".

291 Quelle: BILD.de: "So gut sind die Talentschmieden der Bundesliga-Klubs" vom 15. April 2014.

den. Gleichzeitig ist ein erfolgreiches Nachwuchskonzept notwendig, will man den Klub stabilisieren und zum Erfolg führen.
Auch hier sind Verbundeffekte, Synergien und die Ressourcenbündelung wichtige Komponenten, um das Nachwuchsleistungskonzept so zu gestalten, dass das Gesamtunternehmen daraus wirtschaftliche Effekte erzielen kann, insbesondere durch spätere Transfererlöse.
Umso wichtiger sind neue Ideen. Es könnte z.B. wie ausgeführt ein Wertenetzwerk[292] [293] gestaltet werden oder das Campus-Projekt[292] Umsetzung finden. So könnte durch die Zusammenfassung von ökonomischer Wertschöpfung, Schule/Ausbildung/Fortbildung, Sportentwicklung, Wissenstransfer und Technologie-Entwicklung über die einzelnen Sportdisziplinen hinaus ein strategisches Rahmenkonzept als Wertenetzwerk geschaffen werden. Als Partner ständen hier sowohl Klubs oder Verbände aus dem Bereich Semiprofi- und Profifußball, aber auch anderer Disziplinen wie z.B. dem Biathlon-Bereich des Niedersächsischen Skiverbandes und des Deutschen Ski-Verbandes mit ihrer Infrastruktur aus Sportleistungszentren und Internatseinheiten zur Verfügung. Will man ganz visionär und kreativ sein, kann man sogar an die Gründung einer privaten Akademie mit weiterführenden Ausbildungsgängen (Sportökonomie, Finanzen, Marketing, Medien etc.) denken.
Ebenso wäre die Einrichtung eines eigenen, aber nicht nur auf rein kommerzieller Basis ausgerichteten Beratungsnetzwerkes[294] möglich, das die außersportliche Beratung und Betreuung, das Vertragsmanagement und auch ggf. die Transferabwicklungen des Nachwuchses übernimmt und die Zukunftsplanung im Finanzbereich wie auch in der Risikoabsicherung gestalten kann. Mit einem solchen Ansatz würde dies nicht den oftmals zwielichtigen Spielerberatern[294] allein überlassen.
Und wenn man hier als Benchmark die Innovationsführerschaft übernehmen würde, dann könnte man auch in die weitere (vielleicht etwas fernere) Zukunft gerichtet über Modelle wie *Entry Draft*[295] als Talentpool nachdenken.

---

292 vgl. Abschnitt "Netzwerke", Seite 138ff

293 vgl. Abschnitt "Die strategischen Möglichkeiten", Seite 162ff

294 vgl. Abschnitt "Gut beraten mit Berater", Seite 122ff

295 Als Entry Draft (deutsch etwa Nachwuchsrekrutierung) werden die vor allem in den nordamerikanischen Profisportligen wie der NHL (Eishockey), der NBA (Basketball), der NFL (American Football), der CFL (Canadian Football), der MLS (Fußball) und der MLB (Baseball) praktizierten Verfahren bezeichnet, mit denen sich die Klubs untereinander über die Rechte an den vielversprechendsten Nachwuchsspielern einigen. Während der gesamten Saison beobachten Talentsucher Spieler in Amerika und Europa. Diese erstellen Listen, in denen die Spieler nach deren Einschätzung gereiht sind. Die Listen haben für die wählenden Teams nur den Charakter einer Empfehlung, die Teams müssen sich

Ein solches Modell würde dem deutschen Profi- aber auch dem Semiprofifußball wesentliche neue und stimulierende Impulse geben. Eine solche Innovation würde gleichzeitig die Reputation des Unternehmens Hannover 96 und des Unternehmerklubs nachhaltig steigern.
Aufgrund der Holdingstruktur von Hannover 96 ließen sich solche Unternehmenskonstrukte mit Umgehungswegen im Rahmen der LO[296] der DFL umsetzen.

Fankultur – Tradition + Kommerz

> *"Der Fußball gehört dem einfachen Volk, denn aus ihm ist er hervorgegangen."*
>
> Cesar Luis Menotti, argentinische Trainerlegende[297]

Wem gehört der Fußball aber wirklich?[298]
Hannover 96 gehört den Investoren, spätestens ab dem 7. Juli 2018. Der Breitenfußball gehört aber weiter dem "*Volk*". Jedenfalls wurde das auf der Hauptversammlung von Hannover 96 e.V. am 26. April 2016 so beschlossen. Doch dahinter steckt mehr als nur die sachliche Verdeutlichung einer Struktur. Dahinter stecken Emotionen, dahinter steckt eine Kultur, dahinter steckt Tradition für die einen, dahinter steckt aber auch reiner Kommerz für die anderen.
Hier beginnt die Grenze zwischen "*Wir sind das Fußballvolk*" und "*Wir sind die Fußballmacher*". Das "*Volk*" macht den Profifußball nicht, es konsumiert ihn aber. Trotzdem erheben die Konsumenten den Anspruch mitzubestimmen, wie Kommerzfußball gemacht werden soll. Oder, anders ausgedrückt, die Konsumenten lassen sich das Produkt Fußball zwar von den Investoren finanzieren, auch wenn sie mit dem Ticketing selbst einen kleinen eigenen Beitrag leisten, aber sie möchten trotzdem bestimmen, wie das Produkt auszusehen hat. Dieser Umstand führt bei Hannover 96 immer wieder zu einer explosiven Gemengelage, die sich regelmäßig entlädt, insbesondere wenn der sportliche Erfolg ausbleibt. Folge sind massive verbale Attacken gegen

---

bei der Auswahl nicht zwingend an die Reihung halten. In der NFL gibt es ungefähr zwei Monate vor dem Draft die NFL Combine, in der alle angemeldeten Spieler "auf Herz und Nieren geprüft" werden –wikipedia.de.

296 Lizenzierungsordnung DFL und DFB

297 Quelle: TAZ-online: "Subversiver Kick" vom 12.12.2013.

298 s. auch das Kapitel "Die Fans – nur noch emotionales Beiwerk?" in: "Quo vadis, Bundesliga? Wie zukunftsfähig ist der Profifußball? Analyse und Visionen am Beispiel von Hannover 96".

den Hauptinvestor und Geschäftsführer des Unternehmens Hannover 96, Martin Kind.
Die Frage, der sich die Fans stellen müssen, ist daher: Kann man allein mit Tradition die Attraktivität der Bundesliga stärken? Kann man mit Tradition verhindern, dass die Meisterschale inzwischen immer beim gleichen Klub bleibt?

> *"Die Lösung liegt nicht in einem aussichtslosen Kampf gegen die Kommerzialisierung des Sports oder in einer falsch verstanden Gleichmacherei",*

so Klaus Zimmermann vom Institut zur Zukunft der Arbeit (IZA).[299]

Es ist gerade auch das Spanungsfeld zwischen Tradition und Kommerz, das fast unüberbrückbare Hindernisse schafft. Es ist aber auch die fehlende, intransparente oder falsche Kommunikation des Unternehmens selbst sowie die der hannoverschen Medien, die diese Hindernisse bestehen lassen.
Auf der einen Seite ist da das "*Volk*", also die Fans, die meinen, man könne den Profifußball zurückholen in die behütete Welt der Vereinskultur, der damit verbundenen Tradition und den ergebnisoffenen, demokratischen Gestaltungsprinzipien. Vielleicht sogar zurück in die gute alte Zeit, als Hannover 96 deutscher Fußballmeister wurde. Bei aller Kritik der Anhänger des Vereins an der Kommerzialisierung des Fußballs wird immer wieder vergessen, dass nicht der Verein oder das Unternehmen die Preise bestimmen. Es sind die Protagonisten, also die Spieler, die von den Fans so verehrt werden, die die Preise bestimmen, die aufgewendet werden müssen für Transfersummen und Gehälter und für die Berater[300]. Die Klubs müssen den Regeln des Marktes folgen, um die Fans entsprechend zu befriedigen.
Es sind dieselben Fans, die sich tagtäglich mit den modernen Zeiten, mit den enormen technischen Entwicklungen, mit Smartphone, mit den sozialen Netzwerken und den Errungenschaften der Kommunikationsmedien auseinandersetzen; die immer auf dem neuesten Marken-Konsumstand sein müssen und da auch keine Kompromisse eingehen wollen. Es sind die Fans, die tagtäglich kommerzielle Marken konsumieren und die sich von Marken wie Apple, Google, Facebook vollkommen unkritisch manipulieren lassen, die aber gleichzeitig in der Marke Hannover 96 ein Feindbild des Fußballs erkannt haben wollen.

---

299 Quelle: HAZ #43: "Die Schale, die nicht wandern darf" vom 20. Februar 2016

300 vgl. Abschnitt "Gut beraten mit Berater", Seite 122ff

"Die sich beschleunigende Kommerzialisierung und Eventisierung im Fußball führt bei vielen Vereinen zu einer teilweisen Entfremdung bei Fans gegenüber ihren Vereinen. Letztlich sind alle Vereine gut beraten, zumindest das Gefühl aufrecht zu erhalten, dass es sich bei einem Fußballklub um mehr als ein Unternehmen handelt."

Das ist eine Aussage von Jonas Gabler, Mitarbeiter in der Kompetenzgruppe "*Fankulturen und Sport bezogene Soziale Arbeit*" (Kofas) an der Universität Hannover[301].

Diese Aussage zeigt, dass genau diese Kommunikation nicht der Aufklärung über die ökonomischen Realitäten im Profifußball dient, sondern einfach nur die bestehenden Klischees des Konfliktes zwischen Tradition und Kommerz fortschreibt. In allen Lebensbereichen wird der Fortschritt, auch der kommerzielle Fortschritt, konsumiert und gepriesen, nur im Fußball ist die Kommerzialisierung kein Fortschritt, sondern ein Übel und ein sozialer Missstand.

Nun muss man auf der anderen Seite dem Unternehmen attestieren, dass es nicht gelungen ist, eine zumindest kommunikative Basis mit seinen Konsumenten aufzubauen.

"Eine strategische Kommunikation, da muss man sagen, die gibt es noch gar nicht. Da suchen wir jetzt erste Antworten. Das muss krisenfester werden, obwohl das in Hannover und bei 96 immer schon etwas schwierig war."[302]

Diese Aussage traf Martin Kind auf dem Höhepunkt der Auseinandersetzungen mit den Ultras bei Hannover 96. Sie zeigt, woran es in erster Linie fehlte und noch immer fehlt: An einem Beziehungsmarketing oder, englisch, Relationship Marketing. An dem Auf- und Ausbau langfristiger Kundenbeziehungen. Beziehungsmarketing verfolgt das Ziel, mehr Kunden, zufriedene Kunden und profitable Kunden für das Unternehmen oder eine Marke zu gewinnen. Es geht hier allein um die Relation von Unternehmen beziehungsweise Marke und Kunde. In diesem Bereich fehlt Hannover 96 jegliche Struktur und Kompetenz.[303]

Zu einem Beziehungsmarketing gehört eine strategische Kommunikationskultur.

---

301 Quelle: Goslarsche Zeitung: "Das ist nicht mehr mein Verein" vom 7. April 2015.

302 Quelle: HAZ #77: "Das Schweiger der Männer" vom 1. April 2015

303 vgl. Abschnitt "Führungsstruktur – Personalien", Seite 150ff

"Der Patriarch spricht nicht Fußball."[304]

Das ist es, was in den Medien kommuniziert wird. Was hier negativ assoziiert wird, sagt doch im Kern nichts anderes, als dass Kind zwar eine große Leidenschaft und ein Herz für Fußball hat, aber den Verstand fürs Geschäft. Und das ist weder verwerflich noch kontraproduktiv.

Aber die mangelhafte bzw. wenig zielgerichtete Kommunikation über die Bedeutung des Unternehmens Hannover 96, auch über das Produkt hinaus, gerade durch die hannoversche Tagespresse[305] führt dazu, dass das "*einfache Volk*" (Menotti) nicht genug über die Notwendigkeiten der Kommerzialisierung des Profifußballs aufgeklärt und informiert wird. Die Meinungsbildung der Medien zielt darauf ab, ihr eigenes Klientel zur Kundenbindung lieber in ihrem Ansinnen zu bestärken, nämlich, dass Profifußball allein den Fans verpflichtet ist. Es ist einfacher, etwas Gewünschtes zu beschreiben, als Antworten geben zu müssen auf etwas, was man vielleicht selbst nicht wirklich realisieren kann.

Mit einer offensiven, transparenten und ehrlichen strategischen Kommunikation über die ökonomischen Notwendigkeiten kann man den Fans auch vermitteln, um was es wirklich geht, nämlich um ein Bündnis für Erfolg zwischen Kunden und Anbieter. Große Marken haben ihren Erfolg nur mit ihren Kunden, nicht gegen ihre Kunden erreicht. Und auch aus Kommerz ist Tradition entstanden, nämlich eine kommerzielle und traditionelle Markenkultur, wie bei CocaCola, Nivea oder Adidas.

Profifußball findet auch ohne Tradition seine Kunden, wie das Beispiel RB Leipzig zeigt. Auch wenn dieses Projekt gerade wegen der reinen Kommerzialisierung und der fehlenden Tradition noch umstritten ist, so zeigt sich, dass auch ein Fußballunternehmen ohne Vereinskultur und -tradition ein erfolgreiches Produkt schaffen kann, das der Kunde annimmt. Das ist die Zukunft des Profifußballs, auch wenn das die immer noch überwiegende Zahl der Traditionalisten so nicht wahrhaben will. Allein der Wettbewerbsdruck auf den Transfermarkt[306] wird diese Entwicklung zur weiteren Kommerzialisierung beschleunigen.

"*Die Menschen suchen im Fußball in erster Linie Unterhaltung und Spaß*", sagt Harald Lange vom Institut für Fankultur in Köln und Würzburg.[307] Und genau das ist es, was ein Unternehmen wie Hannover 96 seinen Kunden

---

304 Quelle: HAZ #77: "Das Schweiger der Männer" vom 1. April 2015

305 vgl. Abschnitt "Presse", Seite 168ff

306 vgl. Abschnitt "View Into The Future", Seite 141ff

307 Quelle: Spiegel-online: "Warum Fans fiebern" vom 17. Juni 2012.

bieten will, nämlich mit einem im Moment zwar nicht für die Premium-Klasse wettbewerbsfähigen Produkt, aber mit einer Premium-Infrastruktur für die Präsentation von Events.
Das fehlende Beziehungsmarketing ist ein Part in der Prozesskette, die den Abstieg von Hannover 96 begleitet hat. Denn der Kunde ist Stakeholder[308] einer Marke und Bestandteil des Markenvertrauens. Das bedeutet, dass sich der Konsument darauf verlassen kann, dass eine Marke die Fähigkeit aufweist, ihre versprochene Funktion (Markenversprechen) zu erfüllen[309].
Hannover 96 hat weder das Markenversprechen, nämlich die Erwartung auf sportlichen Erfolg, erfüllt, noch im Interesse des Kunden in riskanten Situationen gehandelt. So hat der Klub dazu beigetragen, dass sich Kunden – Fans – vor dem Abstieg vom Verein zurückgezogen haben.
Weil Hannover 96, aber auch die Medien nicht den richtigen Weg der Kommunikation gefunden haben, bleibt der Fan dort, wo er das Produkt selbst sieht, nämlich unaufgeklärt und uninformiert im Spagat zwischen Realität und Wunschdenken, verbunden in der Tradition und abseits von Investoren und Marke.
Aber genau genommen hat das Unternehmen Hannover 96 GmbH & Co. KGaA ja selbst auch gar keine Tradition, denn es wurde erst am 20. Dezember 1999 im Handelsregister Hannover eingetragen.

---

308 Quelle: Wikipedia.de - Als Stakeholder (engl. "Teilhaber") wird eine Person oder Gruppe bezeichnet, die ein berechtigtes Interesse am Verlauf oder Ergebnis eines Prozesses oder Projektes hat.

309 vgl. Abschnitt "Markenführung - Co-Branding - Testimonial", Seite 148ff

Die strategischen Möglichkeiten

Im März 2016 gründete sich das Team Marktwert. Das ist eine Initiative aus sechs Bundesliga-Vereinen (der Saison 2015/16), die eine "*gerechte*" Verteilung der TV-Gelder zugunsten der Traditionsklubs verlangen. Es sind die Vereine Köln, Stuttgart, Bremen, Frankfurt, Hamburg und Berlin. Das sind alles Klubs, mit Ausnahme der Hertha, die den Anschluss an die Spitzenklubs der Liga verloren haben und die darüber hinaus z.T. hoch verschuldet sind, wie z.B. der HSV mit 90 Mio. Euro.
Begründet wird dieses Ansinnen mit einer äußerst dubiosen Argumentation:

> *"Wer für das Gesamtprodukt Bundesliga zu einer höheren Attraktivität beitrage, der solle auch mehr aus dem Geldtopf abbekommen."*[310]

Nun fragt man sich, was die Tradition, die 50 Jahre zurückliegt, die aber nichts mehr mit den Leistungen des Jahres 2016 zu tun hat, für einen Mehrwert für das Produkt Bundesliga schafft. Bezeichnend ist, dass gerade die Vereine in die Offensive gehen, die in den vergangenen Jahren durch eigene Misswirtschaft in finanzielle Nöte geraten sind.
Der Chef des Hamburger Weltwirtschaftsinstitutes (HWWI), Henning Vöpel, sagte dazu:

> *"Viele Vereine haben es in den vergangenen Jahren verschlafen, neue Finanzierungsquellen zu erschließen. Durch die Hintertür versuchen sie nun, an den TV-Geldern stärker zu partizipieren. Tradition allein darf aber nicht belohnt werden. Gutes Management muss belohnt werden."*[310]

Hannover 96 gehört nicht (oder noch nicht?) zum Team Marktwert, aber die von Henning Vöpel skizzierte Lage trifft auch hier zu: Misswirtschaft, und zwar durch schlechtes Sportmanagement bei der Produktqualität.
Deshalb sollte man sich in der 2. Liga darauf besinnen, neue Finanzquellen und die strategischen Möglichkeiten hierfür zu erschließen. Dabei sollte in die Zukunft geplant werden: Denn nach einem auch wirtschaftlich dringend benötigten Wiederaufstieg muss das Ziel sein, möglichst schnell Anschluss an den gehobenen Mittelstand der 1. Liga zu erhalten. Alles andere kann nur zu einer Wiederholung der beschriebenen Ereignisse führen.

---

[310] Quelle: Hamburger Abendblatt: "Geld oder Liebe?" vom 2./3. April 2016.

Die strategischen Möglichkeiten, die sich für Hannover 96 anbieten, sind folgende:

Diversifikation[311] *- Geschäftserweiterung - Kooperationen - Auslandsvermarktung*[312] *- Netzwerke*[313]

Für die Diversifikation in weitere Geschäftsbereiche gibt es einige Optionen. So wären da das Geschäftsfeld Logistik. Neben der Übernahme der Logistikaufgaben für das Merchandising des Unternehmens könnten Kompetenzen aufgebaut werden, um 4-PL[314]-Lösungen für andere Klubs und Sportverbände zu übernehmen. Mit dem spezifischen Know-how eines Profifußballunternehmens könnten in so einem Geschäftsfeld zusätzlich Bereiche wie Eventlogistik und Wettkampflogistik entwickelt werden. Ein Gesamtpaket also, das als eigenständige Marke ein erhebliches wertschöpfendes Potenzial entwickeln würde, insbesondere auch durch Synergien und Bündelung von personellen und immateriellen Ressourcen. Durch saisonübergreifende Sportevents und Wettbewerbe (Sommersport/Wintersport) könnte eine optimale wirtschaftliche Auslastung sämtlicher Assets gewährleistet werden. Möglich wäre der Aufbau eines eigenen Geschäftsbereiches als Eigengründung oder mit Kooperationspartnern (z.B. Rossmann-Logistik) oder die Beteiligung an Unternehmen, analog der Beteiligung an der primetec GmbH.
Für Kooperationen sind als strategische Möglichkeiten z.B. Vereinbarungen mit Fußballklubs auf anderen Kontinenten denkbar. So hatte ja auch Martin Kind schon daran gedacht, den afrikanischen Markt erkunden zu lassen[312]. Eine solche Kooperation hat keine unmittelbare merkantile Wertschöpfung zur Folge, aber durch die Erschließung von Nachwuchs- und Talentpotenzial kann eine nachhaltige Wertsteigerung erreicht werden.
Kooperationen mit Klubs auf dem nordamerikanischen Markt wären in erster Linie als Vermarktungsplattformen zu sehen. Das betrifft Merchandising ebenso wie TV-Auslandsvermarktung und Markenbekanntheit und -image, aber auch Synergieschöpfung durch gemeinsame Sportmarketingkonzeptionen, Sponsorenkonzepte, Nachwuchsförderkonzepte, Bildungs- und Know-

311 vgl. Abschnitt "Diversifikation", Seite 91ff

312 vgl. Abschnitt "Auslandsvermarktung - Internationalisierung", Seite 93ff

313 vgl. Abschnitt "Netzwerke", Seite 138ff

314 Fourth-Party-Logistics-Provider (Abkürzung: 4PL-Provider, Viert-Partei-Logistikdienstleister) sind Dienstleister, die die logistischen Abläufe eines Unternehmens koordinieren, ohne für die Abwicklung eigene Sachwerte einzubringen.

how-Transfers (sportökonomische Weiterbildung und Erfahrungsaustausch, Schüler- und Nachwuchsaustausch, gemeinsame Akademie[315] etc.)
Als Netzwerke beschreiben wir als strategische Möglichkeiten u.a. die Selbstorganisation von Spielervermittlungs- und Beratungsleistungen als Modell eines selbstverwalteten Zusammenschlusses mehrerer Klubs aus dem Profi- oder Semiprofi-Bereich. Beginnend würde so etwas zunächst bei Nachwuchs und Talenten ansetzen. Die Organisation würde dann alle Facetten eines Profisportlers abdecken, von Vertragsgestaltung, Vertrags- und Gehaltsverhandlungen, Transfers, Transferabwicklungen, Finanzberatung, Risiko- und Zukunftssicherung etc. Ein solches System könnte dann in (sehr) ferner Zukunft auch in einen *Entry Draft*[315] münden. Damit könnte für die erfolgsferneren Klubs ein Wettbewerbsausgleich beim *War for Talents* geschaffen werden. Aber das ist sicher noch Zukunftsmusik, berücksichtigt man die Egoismen, die im deutschen Profifußball vorherrschen.
Zu solchen Netzwerken gehören aber auch Campus-Projekt[316] oder Trainerpool[316].
Die Innovation und die Kreativität, die aufgewendet werden muss, um solche Möglichkeit und Konzepte mit den restriktiven Bestimmungen und Richtlinien von DFL und DFB kompatibel zu gestalten, ist sicherlich eine enorme Herausforderung. Der Mut, einen solchen Weg anzustreben, könnte Hannover 96 aber zur Innovations-Leadership führen. Eine solche Innovationsführerschaft würde als Benchmark im Profifußball eine enorme Aufwertung von Image und Marke darstellen und würde zudem ganz neue Finanzquellen erschließen – auf dem Weg zum Erfolg im Wettbewerb in der 1. Bundesliga.

---

[315] vgl. Abschnitt "Nachwuchsausbildung – NLZ", Seite 153ff

[316] vgl. Abschnitt "Netzwerk", Seite 138ff

Landeshauptstadt Hannover

In einer großformatigen Verlagsbeilage zum 775. Geburtstag[317] der Landeshauptstadt Hannover vom 28. Mai 2016 wurde eine Umfrage über die Zufriedenheit der Einwohner mit ihrer Stadt veröffentlicht. Das Ergebnis: Der überwiegende Teil der Einwohner ist zufrieden mit dem Leben in Hannover. Eigentlich hat eine solche Umfrage keinen Nachrichtenwert, denn das sagen natürlich auch die Einwohner von Dortmund, Bremen, Stuttgart, Nürnberg oder Frankfurt jeweils von ihren Städten. Entscheidend ist doch die Wahrnehmung von außen, und da kann Hannover nicht überzeugen. Und hier lässt sich eine Parallele zu Hannover 96 ziehen, das ja auch von den eigenen Anhängern wesentlich positiver wahrgenommen wird als von der übrigen Nation.

Hannover sieht sich selbst gern als die Stadt im Grünen. Tatsächlich liegt es aber im Ranking von 79 der grünsten deutschen Großstädte erst auf Platz 54.[318] Das bestätigt, dass Anspruch und Wirklichkeit oft weit auseinander liegen.

Zu einer von der Landeshauptstadt Anfang Februar selbst durchgeführten Umfrage, die sich ebenfalls mit der Zufriedenheit der Einwohner befasste und zu dem Ergebnis kam, dass Hannover bei den eigenen Einwohnern beliebt ist, hieß es in einem Leserbrief vom 22. März 2016 an die HAZ:

> *"[...] Hannover gilt weithin als unattraktive graue Maus. Personalchefs können berichten, wie schwer sich umworbene Führungskräfte für Hannover gewinnen lassen. [...]"*[319]

So geht es auch Hannover 96. Spitzenpersonal wie Simon Terodde, Stefan Kießling und Jermaine Jones konnten nicht nach Hannover gelockt werden.[320]

Aber damit noch nicht genug mit den Gemeinsamkeiten der grauen Mäuse. In einer Umfrage von YouGov[321] über die attraktivsten deutschen Städte brachte es Hannover auf Platz 12 von 14 Städten.[322]

---

317 Verlagsbeilage "775 Jahre Hannover" - Hannoversche Allgemeine Zeitung, Neue Presse vom 28. Mai 2016.

318 Quelle: Hamburger Abendblatt: "So grün sind Deutschlands Großstädte" vom 21./22. Mai 2016

319 Quelle: HAZ #69: Leserbriefe vom 22. März 2016.

320 vgl. Abschnitt "Reputation als Arbeitgebermarke", Seite 50ff

"Die Hannoveraner sind es gewohnt, beleidigt zu werden als Einwohner dieser Stadt, eben als mittelmäßig und gesichtslos beschrieben zu werden",

so schreibt Lutz Hachmeister in seinem Buch "Hannover – Ein deutsches Machtzentrum"[323]. Weiter beschreibt er Hannover als "*diese merkwürdige Terra Inkognito auf der Bahnstrecke nach Berlin".*

2. Liga auf der ganzen Linie, mag man feststellen. Wenn der Name der Stadt bereits eine solch negative Reputation hat, wie schwer wird es dann für ein Unternehmen wie Hannover 96, das den Namen Hannover als Standortmerkmal trägt, sich bei potenten Sponsoren, Werbenden und ggf. auch weiteren Investoren, aber auch bei der Mitarbeiterrekrutierung im Wettbewerb durchzusetzen?
In der zuvor erwähnten Verlagsbeilage ist 96 einzig in einer Bildcollage zu sehen. Im begleitenden Text wurde der Fußballklub als Teil der Geschichte Hannovers gar nicht erwähnt. Das ist bemerkenswert, zumal der Klub 2016 ebenfalls 120. Geburtstag feiert.
Die Bedeutung und die wechselseitige Beziehung zwischen einem Fußballverein und seiner Stadt kann gar nicht überschätzt werden. Deshalb ist das Zusammenwirken zwischen einer offensiven Stadtmarketingstrategie und der Marke des Profifußballunternehmens auch so wichtig.[324]
Welche Strategien verfolgt die Stadt Hannover, um das Image der Provinz abzuschütteln? Noch definiert sich Hannover hauptsächlich über das Attribut "Messestadt" und verknüpft damit eine internationale Bedeutung. Aber irgendwie geht es trotzdem weiter bergab. Die Stadt Hannover ist nach der Expo 2000 bereits aus der Weltliga abgestiegen, wie Martin Roth, ehemaliger Leiter des Ausstellungsbereiches der Expo feststellte.[325] Das "größte Schützenfest der Welt" als Marke mit Strahlkraft, wie es die Landeshauptstadt Hannover immer versucht darzustellen, hat auch in 2016 (1. Juli – 10.

---

321 YouGov ist ein börsennotiertes britisches Markt- und Meinungsforschungsinstitut mit Sitz in London, das international tätig ist.

322 Quelle: HAZ.de: "Hannover landet wieder auf einem hinteren Platz" vom 11. Februar 2016.

323 Lutz Hachmeister: "Hannover – Ein deutsches Machtzentrum". Deutsche Verlagsanstalt: 2016.

324 s. auch das Kapitel "Standortmarketing – Wirtschaftsfaktor Bundesliga" in: "Quo vadis, Bundesliga? Wie zukunftsfähig ist der Profifußball? Analysen und Visionen am Beispiel am Hannover 96", in dem die herausragende Bedeutung des Vereins für die Stadt Hannover dargestellt wird.

325 Quelle: HAZ vom 28. Mai 2014.

Juli) erneut einen enormen Besucherrückgang zu verzeichnen und ist abgestiegen auf das Niveau eines rein lokalen, allenfalls regionalen Events[326]. Hannover 96, als nationale Marke angetreten, ist 2002 in die Bundesliga aufgestiegen und dann nach einem längeren Abstiegsprozess 2016 auch wieder endgültig abgestiegen. Neben den Reputationsverlusten, die mit solchen Abstiegen verbunden sind, sind aber auch die ökonomischen Wertverluste von existenzieller Bedeutung.

Zwischen Stadt und Verein hätte längst eine synergetische Marketing-Verbindung entstehen müssen, ein Beziehungscluster, durch das man sich in gegenseitiger Befruchtung Wettbewerbsvorteile für das jeweilige Marketingfeld verschafft.

Angesichts des Abstiegs von Hannover 96, dessen wirtschaftlicher Schaden für Stadt und Region mit ca. 2,55 Mio. Euro beziffert wird, forderte die CDU im hannoverschen Rathaus sogar von der Verwaltung mehr Engagement für den Verein[327] – bislang ohne spürbare Folgen.

Natürlich haben eine Stadt und ihr Oberbürgermeister wesentlich wichtigere Aufgaben wahrzunehmen als ein Profifußballunternehmen zu unterstützen. Aber auch eine Kommune braucht Außenwirkung, insbesondere bei einem wohl etwas mehr als angekratzten Image, um Investitionen u.a. in Unternehmensansiedlungen und damit Arbeitsplätze in der Region zu generieren. Dazu braucht man auch in Hannover die besten Köpfe für die Unternehmen. Und hierzu gehört eine positive Wahrnehmung bzw. Reputation, die auch durch ein erfolgreiches Profifußballunternehmen transportiert werden kann.

Als Fazit darf man hier durchaus konstatieren, dass das Graue-Maus-Image der Landeshauptstadt Hannover auf das Graue-Maus-Image des Profifußballunternehmens Hannover 96 durchgeschlagen hat.

Wie ein Imagetransfer erfolgreich funktioniert, zeigt das Beispiel Dortmund: Die Stadt Dortmund ist sicherlich nicht besonders attraktiv. Man denkt an Schwerindustrie- und Bergbau-Charme, vormals war Dortmund noch als Bierstadt bekannt – alles in allem eher ein Negativimage. Aber durch den Transfer der Marke BVB als eine der erfolgreichsten deutschen Fußballmarken und noch dazu durch die internationalen Auftritte der Fußballer ist die nationale und internationale Wahrnehmung der Stadt eine vollkommen andere. Dortmund ist national wie auch international bekannter als Hannover

---

326 Quelle: HAZ #159: "Mach dich mal locker, altes Schützenfest" vom 9. Juli 2016.

327 Quelle: Neuepresse.de: "Hannover 96: Ohrfeige vom Tourismuschef" vom 24. Februar 2016.

und wird durch den Imagetransfer der Fußballmarke auf das Stadtimage positiv wahrgenommen.

Eine ganz besondere Symbiose durch Imagetransfer sind auch die Landeshauptstadt Mainz und der FSV Mainz 05 eingegangen. Mainz, als Karnevalshochburg überregional wahrgenommen, hat dieses Image auf den Bundesligaverein übertragen. So bezeichnen sich die 05er selbst als Karnevalsverein. Das ist eine äußerst sympathische und gelungene Verbindung von Stadtmarketing und Bundesligafußball und, wie man sieht, auch äußerst erfolgreich, für die Stadt Mainz als Bundesligastandort und für Mainz 05 wirtschaftlich und besonders auch sportlich.

Auch mit Hannover vergleichbare Städte wie Bremen oder Nürnberg haben durch den Imagetransfer der Fußballmarken ein wesentlich besseres nationales Image als Hannover. Diese Städte werden nicht als graue Mäuse wahrgenommen.

Die Landeshauptstadt Hannover braucht einen Bundesligaklub und Hannover 96 braucht ein positives Image der Stadt. Deshalb ist es gerade auch mit Blick auf die Reputation als Arbeitgebermarke[328] und die Reputation im War for Talents wichtig, dass hier in einem strategischen Beziehungsmanagement und einer Imagepartnerschaft für beide Organisationen optimale Voraussetzungen geschaffen werden, für das Standortmarketing und das Marketing des Klubs. Für Landeshauptstadt und Klub sollte es daher auf einer gemeinsamen Plattform heißen "gemeinsam zum Erfolg – gemeinsam erfolgreich".

Stadt und Klub haben aber leider darüber hinaus ein gemeinsames Problem: Beide haben nicht die entsprechenden fachlichen Kompetenzen, um eine positivere Darstellung kommunizieren zu können. Auf beiden Seiten wirken Verwalter des "Graue-Maus-Images" und keine Kreativköpfe.

Presse

In München gibt es einen Fußballklub, der zu den Weltbesten gehört. Wirtschaftlich sind die Bayern der erfolgreichste Fußballklub der Welt. Und auch sportlich gehören sie zu den besten Klubs weltweit.

In München ist die Medienlandschaft sehr vielfältig. Neben 38 lokalen Radioprogrammen und 18 regionalen TV-Programmen gibt es 17 Printmedien. Sechs dieser Printmedien sind als Tageszeitungen relevant, weil sie das gesellschaftliche und insbesondere auch das sportliche Geschehen in der bayrischen Landeshauptstadt kritisch begleiten. Insbesondere der FC Bayern

---

328 vgl. Abschnitt "Reputation als Arbeitgebermarke", Seite 50ff

steht regelmäßig im Fokus von zwei lokalen und einer überregionalen Tageszeitung und drei konkurrierender Boulevardblättern. Darüber hinaus steht der FC Bayern aufgrund seiner weltweiten Popularität unter ständiger Beobachtung der nationalen und internationalen Medien.

Das führt automatisch dazu, dass alle sportlichen, aber auch wirtschaftlichen Entscheidungen und Maßnahmen des Vereins sehr genau beobachtet und analysiert werden. Die sich dadurch entwickelnde Transparenz führt letztlich auch zu einem enormen Druck auf den FC Bayern, sämtliche Entscheidungen, Maßnahmen und Verlautbarungen genauestens zu überprüfen, zu hinterfragen und abzustimmen.

Die Bayern müssen daher stets bemüht sein, die Rezipienten von ihren Vorhaben zu überzeugen. Allein durch die Vielschichtigkeit der Medienlandschaft in München ist der Druck immer enorm hoch, weil die Details der Arbeit des Klubs durch diese Vielzahl und den Konkurrenzdruck der Medien untereinander rücksichtslos überprüft werden. Die Berichterstattung in München kann man daher auch nicht als meinungstendenziell bezeichnen. Durch den Boulevard wird auch die Tagespresse veranlasst, ständig und kritisch, aber auch investigativ über den FC Bayern zu berichten. Nun wäre die Behauptung, die mediale Aufmerksamkeit habe den Erfolg des FC Bayerns bewirkt, völlig falsch. Aber der mediale Druck sorgt sicherlich dafür, dass Entscheidungen sorgfältiger und vor allem zukunftsweisender und erfolgsorientierter getroffen werden.

In Hannover ist die Medienlandschaft mit drei Tageszeitungen sehr überschaubar. Eines der Printmedien ist die lokale Ausgabe eines bundesweiten Boulevardblatts, und die beiden anderen erscheinen im gleichen Verlag.[329] Es kommt hinzu, dass dieser Verlag bis Juli 2016 an der Hannover 96 S&S beteiligt war, wenn auch nur mit einem geringen Anteil.[330]

Man kann aber nicht feststellen, dass das Unternehmen Hannover 96 und seine Führung tatsächlich unter einer kritischen Beobachtung der Sportjournalisten, insbesondere durch das auflagenstärkste Blatt der vormaligen Mitgesellschafterin von Hannover 96 stand oder steht. Die Frage, ob Hannover 96 bei mehr medialem Druck noch in der 1. Bundesliga spielen würde und ob durch medialen Druck Entscheidungen, die eindeutig in die falsche Richtung zeigten, rechtzeitig revidiert worden wären, lässt sich natürlich nicht klären.

---

329 vgl. Abschnitt "Die Medien: Der Madsack-Verlag als (ehemaliger) Gesellschafter", Seite 59ff

330 vgl. Abschnitt "Unternehmen", Seite 37ff

Ein Beispiel, wie unkritisch die Hannoversche Allgemeine Zeitung die Situation bei Hannover 96 betrachtet, ist der Kommentar des Sportchefs Heiko Rehberg zum Trainingsbeginn für die Zweitligasaison 2016/17 am 21. Juni 2016.[331] Dort wird allein über das Saisonziel Wiederaufstieg sinniert und über einen Etat, der die Konkurrenten neidisch mache. Martin Kind habe mutig das Ziel "sofortiger Wiederaufstieg" ausgegeben. Es fehlen kritische Anmerkungen über das Risiko, mit dem jungen, unerfahrenen Trainer weiterzumachen, dessen Ernennung zum Cheftrainer nicht die Folge von strategischen Entscheidungen, sondern des öffentlichen Drucks war. Es gibt keine kritischen Anmerkungen zu dem Kader, der ja überwiegend aus den Protagonisten besteht, die den Nachweis ihrer Bundesligatauglichkeit schuldig geblieben sind. Keine kritische Anmerkung dazu, dass die abgängigen Leistungsträger nicht adäquat ersetzt werden konnten. Die Medienlandschaft in Hannover hat also, so scheint es, nichts gelernt.

---

[331] Quelle: HAZ #144: Kommentar: "Man darf das ruhig sagen: 96 muss sofort wieder hoch" vom 22. Juni 2016.

Epilog: Eine (hoffentlich) unwahre Geschichte

Ein Alptraum –"Heuschrecken auf dem Rasen"

I had a dream: Kopenhagen, am Donnerstag, den 3. November 2011, 20:26 Uhr, es steht 1:0 für den FC Kopenhagen gegen Hannover 96. Dann, plötzlich, Jan Schlaudraff, Linksschuss nach Vorarbeit Abdellaoue, und es steht 1:1. Drei Minuten später, in der 74. Minute, Abspiel von Chahed auf Stindl, Linksschuss: 1:2 für die Roten – und helle Begeisterung bei den rund 10.000 mitgereisten 96-Fans. Es ist einer der größten sportlichen Momente in der Geschichte des HSV von 1896.
Doch dann ziehen auf einmal dunkle Wolken auf, die Szenerie wechselt. Sechs wohlsituierte Investoren betreten die Bühne, angeführt von einer eloquenten Persönlichkeit. Alle mit einer Leidenschaft für Fußball, einer großen Leidenschaft für 96 und einer noch größeren Leidenschaft für Erfolg und Gewinnmaximierung. Für sie sollte Kopenhagen erst der Anfang von etwas Großem werden, etwas Großem, das sie schaffen wollten mit ihren Finanz-Expertisen und mit ihren Investments. Es sollte der Anfang einer sprudelnden Renditeverzinsung werden.
Doch es kam alles anders. Als sich der sportliche Erfolg nicht mehr maximieren lassen wollte, da brauchte man einen neuen Plan. Einen Geheimplan, der den Investoren trotz sportlicher Flaute im Ergebnis noch eine hohe Rendite auf ihr eingesetztes Kapital bringen sollte. Um diesen Plan umsetzen zu können, mussten kontraproduktive Entscheidungen getroffen werden, die das Investitionsobjekt so filetieren, dass daraus ein optimiertes Private-Equity-Projekt wird.
So fing man zunächst einmal damit an, daran zu arbeiten, dass das Wirken des ob seiner überaus geglückten Transfers berüchtigten Sportdirektors versauert wurde, so dass dieser das Handtuch warf.
Als nächstes galt es, eine Person zu installieren, die für alles andere als für sportlichen Erfolg stehen sollte. Man wurde fündig bei einem ehemaligen Sportdirektor des SC Freiburg. Nun musste dafür gesorgt werden, dass der Trainer nicht doch noch für sportliche Stabilität sorgen konnte. Die Lösung: Die Verpflichtung eines unerfahrenen Kandidaten, der den Weg in die angestrebte Richtung mit Konsequenz weiter verfolgen sollte. Auch diese Vorgabe trug zunächst ihre Früchte, doch noch nicht so zielführend, wie es der Plan vorsah. Also: Während der nächsten Saison wurde kurzerhand noch einmal der Trainer ausgetauscht, und zwar gegen einen, der für seine Erfolglosigkeit

bekannt war. So sollte der Abstieg doch nun wirklich beschlossene Sache sein.
Aber der Fußball ist unberechenbar, Wunder gibt es immer wieder. Fünf Spieltage vor Saisonende geholt, verhinderte der neue Trainer entgegen aller Erwartungen den Abstieg. Deshalb musste das Unternehmen für die neue Saison noch einmal neu gestartet werden. Ausgangslage auf null, mit dem Retter weitermachen, denn so viel Dusel kann ja niemand zweimal haben. Um aber ganz sicher zu gehen, ließ man den Sportdirektor, obschon der Termin seines letzten Arbeitstages schon feststand, den Kader für die neue Saison zusammenstellen.
Der neue Sportdirektor sollte nun endlich alle Hoffnungen erfüllen, schließlich war dieser ein Spezialist für Abstiege. Lange genug hatte man gewartet, um immer kurz vor dem Ziel wieder einen Sieg zu viel einstecken zu müssen. Endlich sollte es gelingen: Nachdem in der Vorrunde 14 Punkte geholt wurden und man nur einen Punkt Rückstand zu einem Nichtabstiegsplatz hatte, musste erneut ein Trainerwechsel her, um das Geschäft nicht weiter zu gefährden. Deshalb verpflichtete der Sportdirektor in der Winterpause mit einem Trainerauslaufmodell einen Garanten dafür, dass kein weiterer sportlicher Erfolg eintreten konnte. Um aber ganz sicher zu gehen, holte der Sportdirektor gleichzeitig sechs neue Spieler mit dem Gütesiegel "Nicht erstligatauglich". Und damit ging der Plan der Investoren endlich auf. Ein Täuschungsmanöver gab es noch: Als der Abstieg schon feststand, wurde noch einmal der Trainer gewechselt, um zu signalisieren, auch alle Möglichkeiten ausgeschöpft zu haben.
Jetzt war das Asset nach Private-Equity-Art so aufgestellt, dass Teil 2 des Plans in Angriff genommen werden konnte: Heuschrecken aussetzen, also Verluste machen, Assets abschreiben, besondere Lasten bei der Steuer generieren, Betriebskostenzuschuss für die Arena bei der Stadt einfordern. Dann eine neue Plattform- und Kostenstruktur in der 2. Liga beschreiben. Eigenkapitalrendite steigern, Eigenkapitalrentabilität auf Grundlage geringerer Kosten verbessern. Der nächste Schritt erfolgte 2016: Die Anteile wurden neu zu einem Investoren-Quartett gebündelt, was das Asset transparenter machte. So kann man dann, nach dem 7. Juli 2018, Assetanteile gegen hohe Verzinsung des eigenen Kapitals weiter an Private-Equity-Investoren veräußern.
Überall machten sich nun auf einmal Heuschrecken auf dem heiligen Rasen der Arena breit. Eine unwirtliche Szenerie entstand. Der schöne Traum vom Bundesligafußball in Hannover wurde zum Alptraum. Nichts war auf einmal

so, wie es mal war. Die sechs Investoren wurden zu Heuschrecken-Dompteuren.

Jetzt bloß ganz schnell aufwachen. Dann wird alles wieder gut. Es war ja alles nur ein Traum. Hannover 96 wird weiter in der Bundesliga spielen, die Investoren stehen weiter zum Klub. Der Erfolg kommt zurück.

Jürgen Blut, Mirco Blut

Quo vadis, Bundesliga?

Wie zukunftsfähig ist der Profifußball? –

Analysen und Visionen am Beispiel Hannover 96

158 Seiten, Paperback. € 22,00
ISBN 978-3-8382-0756-8

Dem geneigten Fußballfan stellt sich beim Blick auf die wöchentliche Bundesligatabelle immer die gleiche Frage: ***Warum ist mein Verein nicht dort, wo die Bayern stehen?***

Doch wie kann ein Klub aus dem Mittelfeld der Tabelle den Anschluss finden? Ein Weg dorthin besteht in der Erkenntnis, etwas anders machen zu müssen als den eingefahrenen Wegen zu folgen. Wer in diesem von der Tagesform abhängigen Geschäftsmodell kontinuierlich die Qualität steigern, die Herzen der Fans erreichen und Substanz in Form von sportlicher und wirtschaftlicher Leistungsfähigkeit aufbauen will, kommt mit der Leitlinie „Geld schießt Tore" nicht weit. Kaufmännische Tugenden, vor allem Diversifikation und Verbundeffekte, sind entscheidend, um den Aufwand entsprechender Investitionen in Fußballklubs in vernünftige Erträge umzumünzen. Doch für viele Klubs aus der Bundesliga ist es noch ein weiter Weg zum echten unternehmerischen Profi. In der Bundesliga werden in jeder Saison Millionen Euro ohne Wertschöpfung allein durch Trainerentlassungen verbrannt, oder es werden laut von der DFL für die Saison 2013/14 ermittelten Kennzahlen mehr als hundert Millionen Euro an Honoraren für Spielerberater ausgegeben - was nicht auch nur ansatzweise bedeutet, dass in äquivalenter Höhe Werte geschaffen würden.

Jürgen und Mirco Blut analysieren in ihrem Werk am Beispiel von Hannover 96, weshalb hier der Weg vom Mittelmaß in den gehobenen Mittelstand der Liga nicht so recht gelingen will. Und sie zeigen Wege auf und stellen umsetzbare Visionen vor, die geeignet sind, einen nachhaltigen Wandel in Richtung mehr Erfolg zu gestalten.

ibidem-Verlag

Melchiorstr. 15

D-70439 Stuttgart

info@ibidem-verlag.de

www.ibidem-verlag.de
www.ibidem.eu
www.edition-noema.de
www.autorenbetreuung.de

www.ingramcontent.com/pod-product-compliance
Ingram Content Group UK Ltd.
Pitfield, Milton Keynes, MK11 3LW, UK
UKHW040025200726
13854UKWH00001B/366

9 783838 210063